Hans Carossa, geboren am 15. Dezember 1878 in Bad Tölz, ist am 12. September 1956 in Rittsteig bei Passau gestorben.
In seinen Aufzeichnungen aus Italien führt Hans Carossa den Leser nach Verona und Padua, nach Ravenna und Rom, nach Terracina und zum Vesuv, nach Ischia und Neapel und schließlich nach Florenz.
»Sie machen nicht den Kunstkenner, der in Italien führt, auch nicht den erfahrenen Reisenden, der es ganz genau weiß und immer noch seltenere Dinge kennt als die andern. Es ist eben Carossa, der reist, und die Dinge begegnen ihm, er läuft ihnen nicht nach . . . Herrlich heimatlich, besitzend, unneugierig und unexaltiert ist diese Ihre italienische Reise. Es ist wirklich ein heilkräftiges Buch.« *Erhart Kästner*

insel taschenbuch 1466
Hans Carossa
Aufzeichnungen aus Italien

HANS CAROSSA
AUFZEICHNUNGEN AUS ITALIEN

Insel Verlag

insel taschenbuch 1466
Erste Auflage 1992
Insel Verlag Frankfurt am Main und Leipzig

Hinweise zu dieser Ausgabe am Schluß des Bandes
Vertrieb durch den Suhrkamp Taschenbuch Verlag
Umschlag nach Entwürfen von Willy Fleckhaus
Druck: Nomos Verlagsgesellschaft, Baden-Baden
Printed in Germany

1 2 3 4 5 6 - 97 96 95 94 93 92

AUFZEICHNUNGEN AUS ITALIEN

Der Krieg und seine Folgen haben es unmöglich gemacht, diese Aufzeichnungen so zu ergänzen, daß ein rundes Italienbuch daraus geworden wäre. So bleibe denn die kleine Sammlung einzelner Tagebuchblätter ein Gruß an die Glücklichen, die einst wieder frei in dem schönen Lande werden reisen dürfen.

EINSAMKEIT IN VERONA

1925

In Verona ging ich zuerst nach San Zeno, fand aber den Heiligen nicht mehr zur Schau gestellt und erfuhr, er sei wieder in seinen Sarkophag zurückgebracht worden. Vor dem Kriege war es anders gewesen, da glänzte er inmitten der Kirche aus hohem gläsernem Schrein heraus die Besucher an; kaum wagte man ihn für eine Mumie zu halten. Eine goldene Maske ersetzte das Antlitz; das Gewand war Purpurseide, den Schädel verbarg die mit Edelsteinen besetzte Mitra, und die Hände in den roten Handschuhen waren schräg zum Gebet emporgefaltet. Ich verzichtete für dieses Mal darauf, in seine Gruft hinabzusteigen, und blieb dafür um so länger draußen vor dem alten Portal; es war wieder eine so eigene Freude, den großen Theodorich zu grüßen, der da hochgemut, Hifthorn blasend, dem Höllenrachen entgegenreitet. Der Künstler, der ihn als ewig Verdammten kennzeichnen wollte, muß doch im Innersten gespürt haben, wie wenig einem solchen Mann und König ein Höllenschlund anhaben kann.

Zwölf Jahre nur sind seit jenem ersten Besuch vergangen, aber welche Verwandlung erlitt unterdessen die Welt! Der Heilige tat wohl daran, sich wieder einzusargen; die neue Zeit würde keine Wunder von ihm erwarten. Mir aber ist, als hätte ich nie eine Reise mit größerer Andacht unternommen. Wohl dem, der in Jahren ist, wo die Seele auf wahre Befreiungen sinnt, nicht zu alt, nicht zu jung! Vielleicht wars nie so notwendig wie heute, zu anderen Völkern zu gehen, um dem eigenen gerecht zu werden. Für eine gründliche sprachliche Vorbereitung hat leider die Zeit nicht ausgereicht; aber dies ist kein zu großer Mangel. Muß ich wochenlang auf Gespräche verzichten, so bin ich dafür genötigt, auf Mienen und Gebärden zu achten; die sagen manches, was in Worte nicht eingeht. Auch der neu gekaufte, rot gebundene Berater möge noch im Koffer warten, solang ich Gegenden durchreise, die ich schon einmal sah. Soll ich zwischen Zitronenwäldern und alten Domen immer die Nase in ein Buch stecken, statt den stillen Zeichen zu folgen, die gern den Einsamen lenken?

Wie Wegweiser grüßen Strophen Dantes, die da und dort an einem Eckhause in eingelassene Marmortafeln gemeißelt sind. Mitten im Straßengewühl bespricht uns der herbe, kühne Sehergeist, und gleich wissen wir uns Kinder jenes Abendlandes, das nicht untergeht. Noch immer ist es uns ja das Herz großer Geheimnisse, und vielen bleibt es ihr Leben lang ein unentdeckter Erdteil. Das zorn- und trauervolle Los umschauert uns aufs neue, aus dem der heilige Gesang emporstieg; wir schämen uns des eigenen ungekränkten Daseins, wenn wir an den Dichter denken, den Bann und Ächtung trafen. Aber jede Zeit hat ihre eigenen Gefahren und Rettungen, und heute würde das Auswandern keinem mehr helfen. Die Straßen in das Zukunftsland sind noch auf keiner Karte eingezeichnet. So mancher hält mich noch für seinen Mitbürger und merkt nicht, wie weit seine Grenzen schon hinter mir liegen.

Während einer kurzen Fahrt auf der Straßenbahn blieb ich vorne auf der Plattform stehen; da drehte sich der Wagenführer halb um und nahm mir lächelnd, ohne ein Wort der Erklärung, den Stock aus der Hand, so daß ich glaubte, es sei vielleicht verboten, hier Stöcke zu tragen; doch entlieh er ihn nur, um ein paar Gassenjungen, die sich draußen an den Wagen gehängt hatten, kräftig auf die Finger zu klopfen. Sie ließen sich los und purzelten aufs Pflaster; der Führer, immer lächelnd, die rechte Hand fest am Steuer, gab mir mein Eigentum zurück und fuhr mit stets gleicher Geschwindigkeit weiter. Ein Münchener Bub würde sich womöglich Rippen und Arme gebrochen haben; einem kleineu Italiano geschieht in solchen Fällen nichts. Behauptet man doch sogar, nur auf italienischem Boden könne der Schiefe Turm von Pisa stehenbleiben, in jedem anderen Lande wäre er längst umgefallen.

Auf dem Platze der Herren, wo Dantes Denkmal steht und ein Kaffeehaus seinen Namen trägt, verbrachte ich den späten Nachmittag. In den Bogenfenstern eines Palastes ragen

Leuchter; an der Mauer erkennt man noch die Reliefgestalt eines Tieres, in deren Zerfall ein Taubenvolk siedelt. Sie schwirren herab, wenn jemand Futter streut; hoch darüber, schreiend, kreisen die Falken, die den Turm der Lamberti bewohnen. Eine Weile blieb der Platz fast leer; nur zwei Karabinieri, die weiß behandschuhten Hände napoleonisch über die Brust gelegt, schritten auf und nieder. Die schwarze Uniform mit dem quergestellten Dreispitz, den reichlich Silber ziert, mit den weißen Gurten, den glänzenden Schnallen, Knöpfen und Kragenspiegeln, den breiten roten Hosenstreifen, wie sie bei uns nur Generalen zukommen, sie gemahnt an farbenselige Vergangenheit; möge sie noch lange das italienische Straßenbild schmücken! Eine Nonne führt graue Kinder vorbei; der festlich stille Platz belebt sich. Ein Bursche fährt ausgelassen mit dem Rade durch eine Gruppe plaudernder Frauen hindurch; keine erregt sich darüber, nachsichtig abwehrend weichen sie aus und klopfen den Staub von den Kleidern, ohne das Gespräch zu unterbrechen. Ein junges Ehepaar ging auf das hochgewölbte Tor zu, das zur Piazza delle Erbe hinüberführt. Die Frau hatte ihren rechten Arm in den linken des Mannes gelegt; ihr schwarzes halblanges Haar war im Nacken durch Band oder Spange zusammengehalten und verteilte sich dann fächerbreit über Schultern und Rücken. Auf seinem freien Arm trug der Mann ein Kind, das vor Vergnügen strampelte; dabei fiel diesem einer seiner hochroten Schuhe vom Fuß. Es merkte nichts davon; auch den Eltern entging der Verlust. Der Schuh blieb liegen; die kleine Familie durchschritt mit anderen Leuten das Tor. Ich lief und konnte das Verlorene noch auflesen, aber nicht sofort zurückgeben; denn eben marschierte durch das nämliche Tor mit klingendem Spiel ein Zug Schwarzhemden mitten auf den Platz herein und trennte mich von der Gruppe, die schon zur Piazza delle Erbe hinüberschwand. Der Zug war unerwartet lang; es gibt aber noch einen anderen Durchgang zu dem großen Markt, die Leutchen konnten auch noch nicht weit gekommen sein. Ich beeilte mich sehr, begegnete jedoch auf dem überfüllten Platz, wo eben die Schirme über den Obstständen zusam-

mengeklappt wurden, nur fremden Gestalten; es fing auch schon zu dämmern an. Mehrmals glaubte ich in einiger Entfernung das Kind zu erkennen; aber Italien hat viele Väter, die geduldig stundenlang ihre Bambini spazierentragen.
Neben der Türe eines alten Hauses, das sich kaum von der Nachbarschaft unterschied, las ich auf einem Messingschildchen meinen Familiennamen. Die Wohnungen hatten hier wohl noch kein elektrisches Läutwerk; von dem Täfelchen aus führte nach alter Art ein Glockenstrang zum zweiten Stock hinauf, wo eben in einem Zimmer Licht angezündet wurde. Einen Augenblick lang regte sich der Wunsch, die Leute aufzusuchen und ein wenig Sippenforschung zu treiben; zugleich aber gebot eine Stimme, mir mein Alleinsein zu bewahren. Ich eilte weiter von Gasse zu Gasse, dann auf einer schönen Brücke über die stark strömende Etsch, die an unsere grüne Isar erinnert.
Am andern Ufer kam ich zu einer gelben Kirche, deren rötlicher Campanile mir schon herüben aufgefallen war. Er ist niedrig, breit und sehr schön durchbrochen, so daß man alle Glocken darin hängen sieht. Es war San Stefano, eine der ältesten Kathedralen; trotz der späten Stunde trat ich ein. Kein Beter war mehr zugegen; bald aber kam über eine Stiege, links vom Chor, im Schimmer des Ewigen Lichts, ein blasser Knabe herab, lehnte sich an einen Pfeiler und sah mich erwartungsvoll an. Offenbar wollte er mir die Kirche zeigen, wagte jedoch unaufgefordert nicht zu sprechen. Ich fragte nach irgendetwas, und gleich begann er seinen lebhaften Vortrag, der gar nicht eingelernt klang. Wie ein Augenzeuge, voll Betrübnis, beklagte er sich über den König Theodorich, der einstmals die Kirche zerstört habe, und da ich keine sonderliche Teilnahme zeigte, wählte er stärkere Töne; vielleicht meinte er, ich habe ihn nicht verstanden. »Distrutto! Distrutto!« schrie er, daß es von den Wänden hallte, und machte Gebärden des Niederreißens, wobei er mit den Fäusten den Boden schlug. Nun merkte er, daß ich begriffen hatte, und lächelte zufrieden.
In der unverdeckten Krypta, zu der nur wenige Stufen hinunterführen, kam es ihm vor allem darauf an, die neuen

Säulen gegenüber den alten herabzusetzen, und wieder half er durch sein Mienenspiel den Worten kräftig nach. Sein Gesichtchen entstellte sich vor Verachtung, wenn er sagte: »Moderno«, und verklärte sich vor Glück, wenn er ein Ding als antico bezeichnen durfte. Schließlich hörte ich gar nicht mehr auf den Sinn der Worte, freute mich nur an dieser ungemein wachen, teilnehmenden Kindheit und fühlte mich ein wenig an die eigene erinnert.
Als ich die Kirche verließ, war Nacht geworden. In mein Zimmer zurückgekehrt, hörte ich, am Fenster stehend, einen gedämpften fernen Knall; zugleich erlosch die elektrische Beleuchtung, nicht nur im Hotel, sondern, soweit ich sah, in allen Häusern. Nach einigen Minuten kam die alte Cameriera, schlug wie ein Knochenmann mit harten Fingern an die Tür und brachte eine Kerze. Sie sagte, es liege an der Zentrale, ganz Verona sei ohne Licht. Bis zum Abendessen war noch eine Stunde; bald empfand ich die Steinbodenkälte des Zimmers, ging auf und ab und schlüpfte wieder in den Mantel. Draußen lief man aufgeregt über Treppen und Gänge; endlich trat Stille ein. In der Manteltasche griff ich den Kinderschuh, den nun die Kerze schwach beleuchtete, und nahm mir vor, ihn am andern Morgen zur Polizei zu tragen. Zwar bestand er aus ganz billigem Stoff, hatte aber eine nette Form, und auf der Klappe, die über den Steg herabhing, war ein bemaltes Figürchen festgenäht.
Während ich, an der Türe lehnend, die Augen schloß, waren alle Bilder des Tages wie fortgewischt; ein einziges Ding trat in das innere Gesicht: die graue Holzplastik, die in dem schönen Museo civico der alten Skaligerburg steht. Es ist ein Stück Volkskunst von steifen Formen und leider stark beschädigt. Eine große sitzende Frau hält eine andere, kleinere Frau auf dem rechten Knie, und diese trägt auf ihrem Knie ein Kind. Alle anderen Bildwerke in dem Saal tragen eine Bezeichnung; hier findet man keine und ist eigentlich froh darum; denn wenn auch der Aufseher das Ganze Sant' Anna nennt, so bleibt uns die große Mutter, welche die kleinere Mutter auf dem Knie sitzen hat, doch ewig namenlos. Unsichtbar folgen ihr ja Mütter ohne Zahl; sie erfüllen

alle Himmel, und manches Kind wird bald ein neues Kindlein tragen.

Wieviel Ruhe verströmt solch ein Bild! Aber der immer getriebene Mensch unserer Gegenwart ist ja jeglichem Verweilen feind, und wie Flüchtlinge ein Haustier, das rasten möchte, gleich wieder aufjagen, daß es mit ihnen in die Ferne ziehe, die sie selbst noch nicht kennen, so scheuchen wir die eigene Seele weiter und weiter, sobald sie träumerisch auf einem schönen Sinnbild ruhen will. Wir vergessen, daß wir ihr nach müssen, wohin sie auch flöge, und wärs in den tiefsten Abgrund.

Im Zimmer wird es auf einmal hell, und die Straße braust von Jubel; Verona freut sich der Wiederkehr des elektrischen Lichts.

STUNDEN IN PADUA

Im Albergo Leon bianco lagen Briefe, die zur Beschleunigung der Reise trieben; so blieb für Padua nur ein Tag. Ich erinnerte mich der Ratschläge des Freundes Felix, versagte mir die Kirche der Eremitani bis zur Heimkehr und besuchte für dieses Mal nur Sant' Antonio und die Capella Maria dell' Arena. Diese steht mitten in Anlagen; sie sind umgeben von hohen alten Mauern, über die der herbstliche Prunk der Doldenrebe in allen Röten flutete. Weite Grasflächen vertiefen sich zu Mulden; hier verwittern große Steine, überwachsen mit Efeu, dessen Laub sich stetig bewegte wie von Wirbelwind. Die Morgenluft war aber vollkommen still, und bei längerem Hinschauen sah ich, daß das unaufhörliche Hin- und Herschlüpfen kleiner Tiere diese Unruhe hervorrief. Erst unterschied ich Eidechsen, dann auch zuweilen eine Ratte. Alle diese Hügelchen sind von Rosen und Salbei umblüht. An Rasen- und Kiesflächen schließen sich Gärten an mit Palmen, Steineichen und mit jenen alten Zedern, deren Wipfel oft einem geknickten Flügel gleichen.

Während ich nun auf die ruhmreiche, außen so unscheinbare Kirche zuging, wandelte mich der Wunsch an, alles Überlieferte zu vergessen, um womöglich zu erfahren, was diese

Bilder einem Menschen zu sagen hätten, der die christliche Heilsgeschichte nicht kennt. Die obere Gemäldereihe der ersten Seitenwand kam diesem Verlangen einigermaßen entgegen. An die Legende von Joachim und Anna war kaum ein Gedenken in mir, so daß ich den Vorgang nur halb und halb erriet; aber auch dieses Wenige wollte ich jetzt von mir entfernen und abwarten, welche Art Musik, vom Stofflichen gelöst, mir entgegenklingen würde.
Das erste Bild war gleich ein Rätsel. Im Hintergrunde links tragen gedrehte Säulen ein spitzes Dach; darunter liegt auf hohem grauem Würfel ein Kästchen. Ein Geländer führt zu einer Kanzel empor, die von zwei zerbrechlich dünnen Pfosten gestützt wird. Innerhalb einer Schranke steht in braunem Ornat ein würdevoller Greis mit seltsam töpfchenförmiger Kopfbedeckung und erhebt feierlich seine Hand gegen einen Sitzenden, von dem wir nur die linke Gesichtshälfte sehen. Hier wird gelehrt und gesegnet; wir fühlen Tempelstimmung. Nun aber vermehrt sich unser Staunen: außerhalb der Schranke steht ein zweiter Greis; dieser trägt ein grünes Gewand und auf dem Kopf das nämliche sonderbare Käppchen wie der andere. Auch das Gesicht ist das gleiche; es ist sein Bruder, sein Doppelgänger – nein, er ist es selbst. Streng blickt er auf einen anderen ältlichen Mann, der in blaßrotem Mantel vor ihm steht; er packt ihn am Arm, er weist ihn weg. Wer dieser Mann im rötlichen Mantel ist und was er will, war mir nicht mehr bewußt; er trägt ein Lämmchen im Arm, unwillig und traurig schaut er dem Gebieterischen ins Gesicht, ohne jedoch an Widerstand zu denken: sein schüchternes Zürnen bedeutet nicht Auflehnung, er wird gehen. Es ist etwas Eigenes mit ihm; seinen Kopf umgibt ein goldglänzender Schein, der dem verweisenden Alten fehlt, und wir fragen uns, ob dieser ihn eigentlich wahrnimmt. Uns leuchtet ja der schöne Lichtkreis bedeutsam an; wir möchten ihn nicht als einen nur von außen aufgesetzten Schmuck empfinden, eher als ein sonnenhaft aus innen Strahlendes; vielleicht weist er seinen Träger als den wesentlicheren Menschen aus. In der Szene regiert ein harter, doch kein böser Geist; der gestrenge Alte scheint in höherem Auf-

trag zu handeln, Gewand, Gebärde und Umgebung deuten auf Priestertum. In welch anderen Bereich entrückt uns das zweite Bild! Der Mann im rötlichen Mantel kommt gesenkten Hauptes, tief nachdenklich, zu zwei Jünglingen, die ihn offenbar kennen, vielleicht ihm dienstbar sind. Sie stehen zwischen sehr kindlich gezeichneten Schafen und tragen Stäbe; es sind Hirten. Auch dem Hündchen, das zur Herde gehört, ist der Mann kein Fremder; schmeichelnd springt es an ihm empor. Nichts erinnert hier an kunstreiches Bauwerk; die Szene spielt in einer Landschaft von großer öder Einfachheit. Vor dunkelblauem Himmel erhebt sich nacktes kantiges Gestein, das um so einsamer anmutet, als im Hintergrunde gar nichts an Gebirgswelt erinnert. Ein paar Bäumchen mit Kronen wie aus einer Spielzeugschachtel ragen hinter den Felsen empor oder wachsen auf ihnen. Der eine Jüngling richtet auf den andern einen Verständnisblick voll Teilnahme; sie scheinen um den Kummer ihres Herrn zu wissen. Diesen unschuldigen Seelen trauen wir auch zu, daß sie den hellen Schein gewahren, der das ergraute Haupt umgibt. An das Gestein ist eine Hütte angebaut, einem Schilderhäuschen ähnlich, sie führt wohl in eine Hürde, die viele Tiere aufnehmen kann. Es ist eine gewaltlose, sehr innerliche Welt, in der das Ganze schwebt, voll heiliger Trauer, doch voll Zuversicht.

Der nordische Betrachter eilt, ein Bild überspringend, mit dem Blick voraus, bis er die abgelegene Felsenlandschaft wiederfindet, die ihn heimatlich anmutet. Auf dem Gestein ist jetzt ein Altar errichtet, aus dessen bogig durchbrochenen Wänden Flammen schlagen; wir sehen oben das zum Gerippverbrannte Opfertier, darüber im Qualm einen engelhaften Schemen. Der Mann im rötlichen Mantel beugt sich kniend, mit aufgestützten Händen über eine Felsenbank; gespannt in Erwartung schaut er einer weiblichen Gestalt entgegen, um deren Haupt eine Gloriole wie die seine glänzt. Lässig über der Schulter hält sie ein Zepter; Haltung und Miene sind die einer Verkünderin, und schon die Demutsgebärde des Mannes würde sie als die Abgesandte einer höheren Welt erweisen. Vom Inhalt ihrer Botschaft ahnen wir nichts, doch wird uns deren hohe Bedeutung durch ein Zeichen bekräftigt; ganz oben, über dem Opferfeuer reicht aus der schwarzen Bläue des Himmels eine weiße Hand gewährend in das Bild herein. Links vor kahler Klippe steht barhäuptig einer der jungen Hirten; er fühlt die Heiligkeit des Vorgangs und faltet betend die Hände.

Auch das nächste Bild beläßt uns noch in der vertrauten gesteinigen Landschaft. Vor dem Holzhäuschen auf nacktem Boden schläft hier der Mann, in den rötlichen Mantel gehüllt. Auf dem hochgestellten rechten Knie liegt sein Arm und auf diesem das Haupt mit dem goldenen Schein. Auch die kleine Herde ruht; ein Widder zupft an dürftigen Stauden. Manches, auch die Kleidung der Hirten, läßt auf Kälte schließen; sie sind nicht mehr bloßhäuptig wie auf den anderen Bildern: einer trägt einen Hut, der andere eine rotbraune Kapuze, die in einen Mantel von gleicher Farbe übergeht. Ob Tag oder Nacht sei, können wir kaum bestimmen. Wir sehen alles deutlich, aber doch nicht in dem uns bekannten Sonnen- oder Mondlicht. Aus dunkelschwerem Blau kommt ein himmlisches Wesen herab, dessen Linke den Herrscherstab hält, während sich die Rechte dem Schlafenden entgegenhebt, als würde ihm eine Botschaft überbracht. Gewand und Fittiche des Engels leuchten in zartem Rot; die Füße verschweben wie Kometenduft. Der Sinn der Vision bleibt uns verborgen; auf jeden Fall erhöht sie unsere Meinung von dem Schlafenden. Je seiender, je mehr verwirklicht ein Mensch ist, um so eher kann sich das Überwirkliche aus ihm erheben. Aber nicht nur der Schlummernde, auch der wachende Hirt mit der Kapuze scheint den Engel zu sehen; dann freilich wäre dieser kein Traum, sondern echte Erscheinung. Es gehört wohl zu den wichtigsten Auswirkungen des großgesinnten Schöpfers dieser Bilder, daß wir in ihrer Betrachtung Dinge für wahr halten, die sonst für unmöglich gelten. Sein Schauen ist so seelentief, daß wir kaum zu sagen wagen: das gibt es nicht; wir glauben wieder einmal an die Verwandelbarkeit der Welt. Wer in tropischer Landschaft geboren ist und sie nie verläßt, wird schwer zu überzeugen sein, daß es Himmelsstriche gibt, unter denen das Wasser in Form von geisterhaften Kristallblumen und -sternen erscheinen kann, und wer sich stets in einem gleichmäßigen mittleren Bewußtseinszustand hält, wird sehr bezweifeln, daß irgendwo Menschen leben, die das zweite Gesicht haben. Wir kehren zu dem Bilde zurück, das wir vorhin übergangen haben. In fast schmucklosem Gehäuse kniet eine nicht mehr junge Frau mit harten, etwas verbitterten Zügen, zu denen die Glanzscheibe, die ihren Kopf umziert, nicht recht passen will. Ihre Hände sind gefaltet, sie blickt zu einem Engel auf, der sich durch die Wand hereinneigt. Sie zeigt keine Überraschung; es ist, als habe sie ihn aus dem Äther hergebetet. Vielleicht ist es der nämliche, der den schlafenden Mann besucht; jedenfalls glauben wir die Gebärde zu kennen und ahnen einen Bezug zwischen den beiden Botschaften. Im Nebengemach sitzt eine weißgekleidete Dienerin, in der Hand einen Wocken, von dem sie spinnt. Ihre Knie sind im Gang der Arbeit weit geöffnet, dabei nimmt sie die Worte auf, die nebenan der Engel zu ihrer Herrin spricht. Jenen jungen Hirten gleich, zu denen der Alternde in seiner Trauer kam, scheint sie an den Geschicken des Hauses herzlich Anteil zu nehmen und eine entscheidende Stunde zu spüren.

Auf dem nächsten Gemälde begegnen uns keine überirdischen Gestalten mehr. Wir schauen das hohe Tor einer Stadt; Frauen stehen unter dem schönen Eingangsbogen, wir sind mitten im Leben. Der einst so Betrübte, dann von himmlischen Boten Getröstete kommt an mit bloßen Füßen, vielleicht in Erfüllung eines Gelübdes; denn für arm können wir ihn nicht halten. Er hat den Mantel zurückgeschlagen; zum ersten Male sehen wir sein faltenreiches blaugrünes Gewand. In dem Jüngling, der ihm einen Korb nachträgt, erkennen wir einen der Hirten wieder. Der Mann steht vor einer kleinen Brücke, die auf das Tor zuführt; sein Gesicht ist jugendlicher als auf den anderen Bildern, er umarmt eine anmutige Frau, die mit unbeschreiblicher Innigkeit seinen ergrauten Kopf in beide Hände nimmt und ihm etwas anvertraut, wovon die im Tore stehenden weiblichen Personen wahrscheinlich Kenntnis haben: sie blicken mit listig vergnügtem Lächeln auf die zwei Liebenden, und wenn diese nicht ihre goldenen Scheine trügen, so würden wir meinen, es handle sich um ein alltägliches privates Glück. Von allen Anwesenden unterscheidet sich eine ältere Frau, die wie unbeteiligt in eine andere Richtung blickt. Sie ist von oben bis unten in ein schwarzes Tuch gehüllt, das auch ihr halbes Gesicht verdeckt und neben der lichtweißen Tracht ihrer Nachbarin wie Trauerkleidung wirkt.

Nun aber nahm die einsam zeitlose Betrachtung schon ein Ende. Eine deutsche Reisegesellschaft erfüllte den Kapellenraum; eine männliche Stimme begann die Bilder zu erklären. Die Legende von Joachim und Anna wurde erzählt, und nun erfuhr man auch, die zärtliche Frau am goldenen Tor sei keine andere als jene ältliche, die, in ihrer Stube kniend, zum Engel emporbetet; die beginnende Mutterschaft, von der sie dem Gatten ins Ohr flüstert, hat ihr Jugend und Schönheit zurückgegeben. Was man vermuten konnte, wird bestätigt: es handelt sich wirklich nur um persönliche Schicksale; aber Giotto wendet seine ganze Kunst auf, um uns fühlen zu machen, daß in diesen sich das gültige Weltgeschehen vorbereitet. Millionen tun und erleiden das äußerlich gleiche; welche Seele aber einem Menschen gegeben ist, mit welcher Art von Wesen er auf einer Stufe steht, das entscheidet. Auch der goldene Heiligenschein empfängt nun seine besondere Bedeutung; nur die Hauptpersonen des großen Dramas tragen ihn.

Wenn ich die Kirche nicht verlassen oder absonderlich erscheinen wollte, mußte ich dem freundlichen Führer folgen, der mich zum Anschluß an seine Zuhörerschaft einlud. Während er aber eifrig und klar die Heilsgeschichte vom Keim aus entwickelte und später von Giottos Vorläufern und Nachfolgern sprach, entschwand mir die geheime Melodie jener fünf Bilder. Nur einmal noch gelang die Loslösung vom belehrenden Wort; es war bei der Beweinung des Herrn. Die innige Trauer der Frauen und der Jünger fühlen wir mit wie irgendeine tief menschliche Qual; den grenzenlosen Schmerz der Engel aber, die aus allen Himmeln heraneilen, mit empörten Gebärden und wie Kinder weinend, ihn gewahren wir mit Schauder. Es ist der ohnmächtige, der erbitterte Schmerz, der die reinen Geister ergreift, wenn einer der ihrigen sich mit der irdischen Welt eingelassen hat und nun sein Los erfüllen muß.

Es ist, als gehe man aus dem knospen- und blütenvollen Garten der Kindheit in den feierlichen Raum eines reichgewordenen gütig strengen Alters hinüber, wenn man nach einem Besuch der Giotto-Kapelle die kuppelgeschmückte Kathedrale Sant' Antonio betritt. Für die Paduaner ist Antonius der Heilige schlechthin; der große Platz, auf dem die Kirche steht, heißt auch einfach la piazza del Santo. Die Verehrung, die ihm von allen Seiten zuströmt, ist grenzenlos. Seinen Zeitgenossen war es erbaulich, daß er allen Vorteilen adeliger Geburt entsagte, um als armer Mönch zu leben; die Gewalt seiner Predigten aber muß durch die Jahrhunderte fortgewirkt haben; auch war er jung, als er starb, nicht älter als Mozart, und dieses frühe Verlöschen hat ihn wohl besonders liebenswert erhalten.

Eine junge Lehrerin führte ihre Schulmädchen vor einen Beichtstuhl, in dem ein Priester auf sie wartete. Ehe die erste sich hinkniete, um ihr Bekenntnis abzulegen, wurde von der maestra ein weißer Schleier über sie geworfen, der die ganze kleine Person unsichtbar machte. Sobald diese den Beichtstuhl verließ, ward ihr die Hülle wieder abgenommen und der nächsten umgetan. Die Absolution erfolgte jedesmal nach wenigen Minuten, die Beichtkinder kamen in sichtlich gehobener Stimmung, ja eigentlich vergnügt, aus dem braunen Gehäuse, bewahrten jedoch durchaus die edle Grazie ihrer Rasse.

In einer Betbank zwischen zwei Landfrauen fiel mir ein Knabe auf, der das Ordenskleid der Franziskaner trug, dieser frommen Vermummung aber wenig Ehre machte. Er litt an einem Sichgehenlassen der Nerven, das an den kleinen Veitstanz erinnerte, schleuderte sich hin und her und schnullte, Säuglingsaugen machend, unersättlich an seinem Zeigefinger, Die zwei Bäuerinnen unterhielten sich über seinen Kopf hinweg aufs beste und wehrten sich nicht im geringsten, wenn

er mit seiner fahrigen freien Hand an ihren Armen und Brüsten sehr derb einen Halt suchte; sie mochten hoffen, der Santo werde das unbeherrschte Mönchlein schon in Ordnung bringen.
Über dem Altar, der die heiligen Gebeine birgt, hängt ein Himmel voll silberner Lampen mit Ewigem Licht, und eine Inschrift verkündet mit antiker Kürze: Divo Antonio confessori sacrum. Engel tragen hohe Leuchter; unzählige gestiftete Kerzen umbrennen die Stätte der Gnaden. Über Stufen stiegen immer neue Besucher zu dem altargekrönten Sarkophag hinauf; sie verschwanden hinter ihm, und es dauerte eine Weile, ehe sie auf der anderen Seite wieder zum Vorschein kamen. Ich wollte erfahren, was dort geschah, und fügte mich zu einer Gruppe, der ein junges Paar mit Kindern vorausging.
An den Wänden sieht man die Wundertaten des Heiligen, von Donatello in Marmor gemeißelt; darüber sind unzählige Votivbilder aufgereiht. Der glatten Rückwand des riesigen Prunksarges entlang standen die Menschen in sich versunken, und wie Frierende, die sich an einem Kachelofen wärmen wollen, hielt jeder seine rechte Hand an den schwarzgrünen Malachit, hinter dem im Silbersarge der segensreiche Leichnam ruht. Was man als Kind im fernen Deutschland nachahmerisch, halb im Spiel, zu tun pflegte, daß man, um Verlorenes wiederzufinden, den Heiligen Antonius zu Hilfe rief, das tun hier Pilger aller Länder, mit echter Inbrunst, und wer länger beobachtet, wird entdecken, daß hier nicht nur Katholiken anzutreffen sind.
Eine stämmige Bäuerin, alt aber straff, statt des üblichen Schleiers ein Taschentuch auf dem Kopf, schien es eilig zu haben; mit ihrem verwegenen schwarzen Blick gemahnte sie an ein vor Jahren vielverbreitetes Bild: ›Das Weib des Briganten‹. Entschlossen drängte sie mich beiseite, um den letzten Platz, der noch frei war, schnell zu besetzen, wurde sich aber dann ihrer Unhöflichkeit bewußt und lud mich mit einer Gebärde zum Nachrücken ein. Mein Darüberhinwegsehen störte sie wohl; vielleicht hielt sie mich für beleidigt. Reumütig drehte sie sich um, zischte sanft: »S'accomodi,

signore!« und ergriff, da sie mich zögern sah, lächelnd meine Hand, um sie an ein leeres Fleckchen der Sargwand zu führen; dann erst gab sie sich ihrer Andacht hin. Was für Hände vertragen sich hier miteinander! Neben der knochigen eines Arbeiters mit zigarettenbraunen Fingern ruht eine gnädige smaragdgeschmückte Damenhand, ein Kinderhändchen mit Korallenarmband rührt an die Frostbeulen einer Bettlerin.

Man wüßte wohl gern, was für Erhörungen alle diese Flehenden erhoffen. Krankheitsheilung, Rettung aus wirtschaftlicher Bedrängnis, Versorgung, Bevorzugung, Gelingen eines Unternehmens, Kindersegen, Sinnesänderung einer geliebten Person, gerichtlicher Freispruch, – solcher Art werden die Anliegen der meisten sein. Unwillkürlich geht man die Reihe seiner Bekannten durch und fragt sich, welchem von ihnen man etwa hier begegnen könnte; man kommt auf eine stattliche Zahl. Die selbstlos auf hohe Ziele gerichteten, die von einem großen Werk durchglühten Geister würde man unter diesen Betern wahrscheinlich am seltensten finden; solche fühlen sich immer in unmittelbarer Verbindung mit dem Ewigen und vertrauen, daß ihnen die guten Kräfte aller Himmel und aller Zeiten freiwillig Beistand leisten werden.

Draußen auf der weiten Piazza steht ein schönes Werk Donatellos: das bronzene Reiterstandbild des Gattamelata. ›Gefleckte Katze‹, diesen Kosenamen gaben die Venezianer dem kühnen, klugen Feldherrn, der ihre Scharen zum Siege gegen Mailand führte. Er trägt sich altrömisch, das Haupt ist unbedeckt, das feine, sehr gesammelte Gesicht läßt einen gebildeten, der Kunst nicht unzugänglichen Tatmenschen ahnen.

Vor einem Kaffeehaus am Rande des Platzes unterhielten sich deutsche Pilgerinnen aus Paderborn über den Heiligen. Von den Wundern, die dabei zur Sprache kamen, ging mir eigentlich nur eines nah, jenes alte sinnbildschöne, dem sie gerade den geringsten Wert beilegten. Als Antonius zum Osterfest nach Rom gekommen war, wo sich Wallfahrer aus aller Welt einfanden, da ersuchte ihn Papst Gregor der Neunte, vor dieser ungeheueren Versammlung zu predigen. Der Heilige gehorchte, und obgleich viele Tausende der Anwesenden kein Italienisch verstanden, so glaubte doch jeder den Vortrag in seiner Muttersprache zu vernehmen. Eine solche Wirkung ist sonst nur der Musik beschieden, nicht dem lebendigen Wort, bei dem sie doch weit mehr bedeuten würde; aber alle echtbegeisterten Künder fühlen sich nah dem Ende der Tage, wo der Chor der letzten Menschen nur noch eine Sprache kennt. Sie glauben an das pfingstliche Wunder und reden und schreiben, als wären sie seiner gewiß.

Während es von der Kathedrale Mittag läutete, überfiel mich ein Entschluß, in die Arenakapelle zurückzukehren und die Betrachtung der sogenannten Grisaillen nachzuholen. Das Auge, dem Zauber der großen Bilder hingegeben, hatte sich den grau in graugrün gemalten Figuren, in denen sieben Tugenden und sieben Laster dargestellt werden, vorhin verweigert; möglicherweise war eine Art Furcht im Spiel gewesen. So befahl ich mir denn beim Wiedereintreten in die nun leere Halle einen strengen Verzicht auf alles beglückende Bunt und widmete mich den bleichen Symbolen. Auch hier ist es das Böse, das unsere Gefühlswelt am stärksten in Bewegung bringt. Hin und wieder war schon droben im Gemäldereigen die Satanie hervorgetreten, so in dem Gebaren des Verräters, den wir freilich selbst als einen Leidenden empfinden, oder in der Hinmordung der Kinder, wo uns die ruchlose Stumpfheit weltlicher Gewalt empört. Was aber dort nur Element mit Elementen war, ist hier zu einzelnen Figuren verdichtet, und das Fehlen der Farbe steigert nur ihre Eindringlichkeit. Farbe wäre hier Betrug; sie würde eine Versöhnlichkeit vortäuschen, die diesen Mächten fremd ist. Das unbekehrbare Böse wirkt hier als großer Bann, und es ergibt sich das Wundersame, daß unversehens die grauen Allegorien das Reale werden, indessen jene herrlichen Bilder des Erlösungsdramas in ein Märchen- und Legendenlicht zurücktreten, dem sich die Seele nur in ihrem Sonntagskleid vertraulich nähern möchte. Die heiligen Szenen spielen ja in ferner Zeit und fremdem Lande; die Triebe dagegen, die sich in den unheimlichen Grisaillen zur Erscheinung bringen, die leben zeitlos tief in unserem eigenen Herzen, und zwei von ihnen, Unglaube und Unbeständigkeit, üben durch ihre besondere Art Schönheit eine seltsame Lockung. Wir müssen eine gute Weile vor ihnen stehen, bis wir merken: das sind Gespenster. Die Symbole der Tugenden aber haben nicht Kraft genug, um den Lastern die Waage zu halten, und auf einmal sehnen wir uns hinaus ins Bilderlose, nach klaren Begegnungen mit dem einfachen unbegreiflichen Dasein.

Die Stunde vor Sonnenuntergang gehörte dem Botanischen Garten. Hier blüht noch die Rose, und in schützenden Glastürmen stehen die berühmten Bäume, deren hohes Alter genau bekannt und aufgezeichnet ist. Schon Goethe hat sie gesehen, und wir denken daran, daß in seiner Phantasie, während er durch diese Anlagen ging, die Ahnung der Urpflanze gegenwärtig war.

Sobald uns Goethes Geist anrührt, erquickt uns ein Gefühl des In-der-Mitte-Seins, ein Vertrauen zu unseren Sinnesorganen, ein Vorsatz, sie uns unverkümmert zu bewahren. Beweist er uns doch, wieviel mit ihnen erfaßbar ist, wenn eine allverbindende Seele sie belebt. Die letzten Jahrhunderte haben Genien hervorgebracht, die sich, wie Blake und Mombert, nur in großen Träumen und Visionen manifestieren, zugleich aber auch eine Wissenschaft, die mit immer schärferen Werkzeugen bewaffnet, den Bau des Alls in seine unendlich kleinen Bestandteile zerlegt. Zwischen diesen beiden Polen liegt das mittagliche Reich des innig Menschlichen, wo wir gesetzesfroh mit freiem Blick der Schöpfung ins Auge schauen, das Reich der Befreundung von Wesen zu Wesen, der formenden Liebe, Goethes Reich.

Der Weg zum Bahnhof führte mich auf den öffentlichen lustrascarpe zu, der mir schon am Vormittag die Schuhe gereinigt hatte. Diese italienischen Stiefelputzer sind, ohne es zu wissen, Erzieher; ihre Leistungen übertreffen alles, was man fordern dürfte, und wer sich je einmal versucht fühlt, in seinem Fach eine schludrige Arbeit zu liefern, der braucht nur ihrer zu gedenken, um sogleich in sich zu gehen. Er erkannte mich und war nicht verwundert, daß ich schon wieder seinen Fleiß in Anspruch nahm. »Ritornato? – Bravo!« rief er und lächelte mürrisch. Er gehört zu den beleibten Nervösen; der Anblick zweier Gassenjungen, die sich aufdringlich hinstellten, um ihm zuzusehen, reizte ihn maßlos. »Mascalzoni!« schrie er sie an, und das scheint ein kräftiges Schimpfwort zu sein; die beiden liefen davon, wenn auch lachend, vermutlich besteht eine alte Feindschaft. Und nun beginnt er sein Werk mit der Sorgfalt eines Arztes, der einen schwierigen Fall übernimmt, aber seiner Heilkunst sicher ist. Zuerst rückt er sich den Fuß auf dem eisernen Tritt zurecht; dann bürstet er die Hosen ab und schiebt links wie rechts einen Pappendeckel in den Schuh, um die Socken vor der Wichse zu schützen. Wenn der Straßenstaub entfernt ist, wählt er aus der kleinen Drogerie, die er in einem Gestell mit sich führt, ein Fläschchen mit gelblicher Tinktur und reibt mit ihr das Leder ein; sie schäumt wie Seifenspiritus. Hierauf trocknet er es, entnimmt einem Tiegel etwas Creme und verschmiert und verbürstet sie ausgiebig, wodurch ein Höchstmaß von Glanz erreicht wird. Man erteilt ihm ein kleines Lob für die gute Bedienung und zieht den Fuß zurück, um den andern aufzusetzen; zu spät fällt einem ein, daß man dadurch den Werkstolz des Mannes empfindlich verletzte. Schon holt er sich auch mit mißbilligender Heftigkeit den törichten Fuß zurück und spendet eine hetschepetschfarbene Salbe, die er nur sparsam aufträgt. Wieder wird gebürstet, und bedenklich schaut der Kunde an seinem schlichten grauen Reiseanzug hinab, zu dem so übertrieben schöne Schuhe gar nicht mehr recht passen wollen; immerhin hält er sich still, wagt keine taktlose Bewegung mehr und tut gut daran, denn die entscheidende Leistung steht in der Tat erst bevor.

Daß bereits ein anderer Fußgänger wartet und ungeduldig die Uhr zieht, stört den Meister nicht; er nimmt keine Kenntnis von ihm. Ja, jetzt überkommt ihn der große Rausch; es ist, als spiele ein rasend gewordener Cellist mit zwei Bogen auf seinem Instrument, so fegt er mit zwei Bürsten, einer helleren und einer dunkleren, über das Leder dahin, und auch damit gibt er sich noch nicht zufrieden: das furioso soll mit einem pianissimo enden. Er legt die Bürsten weg und zieht die überblanke Glätte mit einem violetten Sammetstreifen ab, der freilich, für ein alltägliches Auge, den spiegelnden Glanz nicht mehr zu steigern vermag.

ERINNERUNGEN AN RAVENNA

Wenn der Baedeker einen italienischen Gasthof als ›einfach, aber gelobt‹ bezeichnet, so ist er gewiß italianissimo, und das eben suchen wir. So blieb ich bei meinem Vorsatz, im Albergo Commercio zu wohnen, obgleich mir der Vetturino das bequemere neue San Marco dringlich empfahl. Dieser hübsche junge Mensch wollte meine ganze Zeiteinteilung für Ravenna wissen und schlug mir schließlich selbst einen Stundenplan für die nächsten Tage vor; augenscheinlich war er entschlossen, mich nicht einen Schritt zu Fuß gehen zu lassen. Ich bestellte ihn zur Fahrt nach Sant' Apollinare in Classe, das einige Kilometer südöstlich von der Stadt liegt, ließ mich aber auf keine weiteren Zusagen ein.
Das bescheidene Hotel wird wohl vor allem von reisenden Kaufleuten aufgesucht. Als anziehende Erscheinung stand im Haustor die Cameriera; in ihr schien Anselm Feuerbachs Römerin wiedergeboren. Vielleicht ist sie sogar von edlerer Art, als jene war, und wenn man am Anfang meinen konnte, sie komme den Gästen fast zu freundlich entgegen, so spürte man doch bald in ihr die Sicherheit der Mutter, die sich den Vater ihrer Kinder schon gewählt hat.
Nachts weckten mich trotz des Moskitoschleiers immer wieder ins Ohr hineinsingende Mücken. Eine Glocke schlug an, sehr voll und klar, doch nur einmal; erst nach langer Pause, wenn man es nicht mehr erwartet, klingt sie wieder. In der Ecke lag mondbeleuchtet eine weiße Hand; ich glaubte an Sinnestäuschung, entschlüpfte dem schützenden Geweb und hob eine feingeformte Marmorhand vom Boden auf. Man findet dergleichen öfters in alten italienischen Häusern; auch

Füße habe ich später in Parma und Siena gesehen, sie werden an die Tür geschoben, wenn man diese offenhalten will.
Was in einem neumodischen Gasthof ebenfalls nicht zu finden wäre, das ist die patriarchalische Art, wie die Besitzer ihr Mittagsmahl einnehmen. Gegen zwei Uhr kommt ein mürrischer Alter in langem grauem Kittel, stellt drei Gedecke auf einen Tisch, dazu einen Wecken Weizenbrot, eine Karaffine Rotwein und endlich die Speisen. Zuerst hielt ich ihn für einen Diener, erkannte aber bald in ihm die Hauptperson. Er ist der Vater der jungen padrona, die nun mit ihrem Gatten Platz nimmt. Sie hat reinblaue Augen und blondes Haar; wer sagte doch neulich, es gebe seit Theodorichs Zeiten viel gotisches Blond in Italien? Das Mahl der Wirte war bescheidener als das der Gäste. Nach der mit Reis verstärkten Gemüsesuppe aßen sie Spinat und frisch geröstete Kastanien, hierauf nur noch Obst und den beliebten mit zartgrünem Schimmel durchzogenen Gorgonzolakäse, kein Fleisch, keinen Fisch. Der Alte grüßte niemand, sah überhaupt keinen Gast an, betrachtete den Familientisch als abgesondertes Gebiet.

Ravenna hatte gerade wenig Fremde, und so mangelte es auch meinem Vetturino an Kunden; er legte Wert auf mich. Mit einem sauberen weißen Tuch um den Hals und einer Fasanenfeder am Hut fuhr er am frühen Morgen vor und fragte nach meinen Befehlen; auch das magere Pferdchen empfahl sich mit einer solchen feschen Feder hinter dem linken Ohr. Eigenmächtigkeiten schienen die beiden nicht dulden zu wollen, und hätte ich mich unterstanden, drüben auf dem großen Marktplatz gemütlich dahinzuschlendern, so würden sie sicherlich versucht haben, mich durch unablässiges Neben-mir-Herfahren schließlich zum Einsteigen zu zwingen. Den Weg zum Grabmal des Theodorich wollte ich aber doch gern zu Fuß zurücklegen, da stand nun List gegen List. Ich studierte den Stadtplan und gelangte nach einigen Irrwegen ans Ziel.
Der Nachmittag war dunstig mild; ich genoß meine Freiheit und ließ mir Zeit. Während ich eine halb verfallene Mauer

entlang ging, in deren Winkeln und Scharten kleine Feigenbäume wuchsen wie Haarbüschel in Ohren und Nasen alter Menschen, sah ich in einiger Entfernung hinter Zypressenwipfeln den hellgrauen Rundbau mit der flachgewölbten Kuppel, an dem ich schon im Bahnzug vorübergefahren war. Ein Wegweiser deutet auf granitene Stufen, die nach unten führen, und nun bilden Trauerbäume einen feierlichen Gang. An jedem Stamme ragt aus Rosmarin und weißen Winterastern ein Eisenstab, und alle diese Stäbe tragen Täfelchen mit Namen gefallener Soldaten. Auch Lichtbilder auf Porzellan sind manchmal angebracht. Bis zum Denkmal hin erstreckt sich dieser Friedhof: die Geopferten der neuen Kriege möchten ihren jungen Ruhm mit der Unsterblichkeit des großen Gotenkönigs vereinen.
Sonnenuntergang rötete das obere Stockwerk des Grabgebäudes, zu dessen Seiten dunkle Blattpflanzen und rotbraune Herbstblumen standen. Mückentänze stiegen und sanken im späten Strahl. Ein anfängliches leichtes Enttäuschtsein, das ich ungern ins Bewußtsein gelassen, begann allmählich zu schwinden. Das Auge des zwanzigsten Jahrhunderts, an gigantische Maße gewöhnt, mochte sich den vielbesprochenen Grabturm des heldischen Gotenführers anders erwartet haben, wuchtiger, mehr zyklopisch, hünengrabartig, weniger römisch. Sogar der berühmte Monolith, der als flache Kuppel den Bau nach oben abschließt, gab nicht sogleich sein riesiges Ausmaß zu erkennen. Allmählich aber berichtigten sich die Vorurteile von selber. Theodorich war ja nicht nur der wilde Heißsporn, der Lesen und Schreiben verschmähte, so daß er sich zum Unterzeichnen seines Namens einer goldenen Schablone bediente, und dem, wie die Sage singt, vor Kampfwut Flammen aus dem Halse schlugen; es muß auch ein sehr klarer Sinn für die strenge Schönheit antiker Baukunst in ihm gewesen sein; er hätte sich sonst nicht diese edle Rotunde als Ruheort errichtet.
Während ich den zehnseitigen Bau umkreiste, dessen oberes Geschoß vom unteren sich verschmälert absetzt, so daß ein freier Umgang bleibt, zeigte der Kustode mit dem Finger, wie die Zickzackränder der istrischen Kalksteinquadern so

genau ineinanderpassen, daß das Gebäude sie fast eineinhalbtausend Jahre ohne Mörtel zusammenhält. Dann aber wies er bedenklich auf die Sumpflachen, die rings den Boden aufweichen; er schien für die Haltbarkeit des Ganzen zu fürchten. Seinen weiteren Bemerkungen war zu entnehmen, daß der Bau einst höher gestanden hat. Langsam zieht ihn das Erdreich ein, und so erklärt sich auch, warum er nicht beim ersten Anblick überwältigt: wir sehen ihn als einen versinkenden, nicht als den hochragenden, der er ursprünglich war.
Oben wird ein großer wannenförmiger Sarkophag aufbewahrt, und man will uns glauben machen, die Gebeine des Königs hätten hier geruht. Der dunkle Porphyr erinnert an den Sarkophag Napoleons im Dom der Invaliden.

Hat man sich eine Weile in dem Grabmal aufgehalten und sieht später aus einiger Entfernung zu ihm zurück, so spürt man, wie vollkommen es die freie stolze Tatkraft seines Stifters zum Ausdruck bringt. Nichts ließe sich davon wegnichts hinzutun; es hat auch die kirchlichen Gebäude, die eine spätere Zeit ihm ansetzte, wieder abgestoßen. Manche vermuten, es hätten auf den zwölf Sockeln, die den oberen Rand umgeben, Bildsäulen gestanden. Einer solchen Zierde würde der innerste Sinn nicht widersprechen; ja stellt man sich einen Kranz herrlicher Figuren auf der damals erhöhten Rotunde lebhaft vor, so will man nicht mehr auf ihn verzichten.
Still huldigen die Gedanken dem Toten; aber man hat mehr Sagen- als Geschichtsbücher gelesen und vermag Theodorich den Zweiten von dem Dietrich von Bern, den man seit Schülertagen kennt, nicht streng zu sondern, doch auch nicht die beiden miteinander in Einklang zu bringen: der große König bleibt uns Doppelgestalt. Daß der Gotenstaat auf italienischem Boden sich so gar nicht als wurzelfest erwies, daß er nach dem Tode seines Lenkers welkte und schwand, das macht uns den schicksalvollen Mann, von dem wir leider auch kein einprägsames Bild besitzen, selbst ein wenig geisterhaft. Schließlich suchen wir ihn doch für eine

Weile wieder dort auf, wo wir ihn als Knaben kannten und wo er so wunderbar von sich selber fortgeht: im Sagenreich.

Meine Verehrung für den Dietrich von Bern war nicht von Anfang an unbedingt gewesen. Früh zum Gartendienst erzogen, konnte ich ihm seinen Einbruch in König Laurins Rosenpflanzung nicht sogleich verzeihen. Daß er den goldenen Faden zerriß, der den Wunderhagen umschlang, die blühendsten Sträucher zertrat und in dem schönen elbischen Herrn des Zauberreichs, der ihm doch höflich begegnet war, das Böse weckte, indem er nur darauf brannte, ihn niederzuschlagen, damit wollte sich die Phantasie des Kindes nicht abfinden. Auch mißfiel es mir, daß diese Recken, denen doch von christlicher Milde wenig anzumerken war, dem König eines unirdischen Reiches zuletzt, wie mein Schulbuch erzählte, die Taufe aufzwangen, die ihn in meinen Augen sterblich machte. Aber der Leser so gut wie sein Held haben Wandlungen erfahren. Als mir der Berner in der Rabenschlacht und an König Etzels Hof wieder begegnete, war er ein anderer geworden, und ich selbst ließ mich nun gern belehren, daß man in ihm den wahren, edlen Kämpfer zu bewundern habe, der, ohne Zauberhilfe, nur der eigenen Kraft vertraut und, während er dem Unglück standhält und alternd vereinsamt, immer milder und rechtlicher wird. Ganz ohne den Beistand von Elementargeistern konnte freilich auch dieses Heldentum nicht auskommen; war es doch der Zwerg Alberich, der ihm helfen mußte, das Schwert Nagelring zu gewinnen und jenen Helm Hildegrim, an dem er die schwarzen Fittiche trug. Schließlich erinnert man sich, daß sogar die Zeugung dieses Halbgotts einem Elben zugeschrieben wurde; aber das ist uns Heutigen schon zu viel des Außermenschlichen: wir suchen Wirklichkeiten, werden jedoch bald inne, daß wir den Mythos nicht entbehren können; dieser weiß ja auch vom Ausgang dieses gewaltigen Daseins Tieferes und Schöneres als die Geschichte, die doch gelegentlich auch nur fabelt, so wenn sie Theodorichs Feinden nachsagt, sie hätten seine irdischen Reste aus dem Sarg gerissen und verstreut, was uns lediglich ein Gefühl schmerzlicher

Beschämung hinterläßt. Hingegen gibt uns die Sage, besonders die deutsche, die jenen Höllenritt mythisch abwandelt, den Begriff einer großen Heimkehr. Das Herumgehen in dem traurig leeren Mausoleum war mir kein Hindernis, die Legende vom Tode des Dietrich von Bern wieder einmal gläubig nachzuträumen: wie die Kunde vom Erscheinen eines übergroßen Hirsches den Greis aus dem Bade lockt, wie auf einmal, während er sein Pferd erwartet, ein rabenschwarzer Hengst, schön gesattelt, vor dem königlichen Jäger steht, wie dieser den gespenstischen Rappen besteigt und freudig in den dunklen Wald hineinjagt, aus dem es keine Wiederkehr gibt.
Zu Theodorichs Zeiten reichte das Meer mit seinem Sand- und Pinienstrand nahe an Ravenna heran; ja der Wald, in dem sieben Jahrhunderte später Dante die letzten Gesänge seines ewigen Gedichts bedachte, erstreckte sich nord- und westwärts in das Land hinein. Das Grab des Herrschers aber ragte am Saum seiner geliebten Meerstadt, noch mitten im Getriebe des Lebens. Im Strandgebiet vergraben lag einstmals wohl auch jener goldene Schmuck, der im Jahre 1854 von Arbeitern gefunden, verhehlt und zum größten Teil veräußert worden ist; nur ein paar Bruchstücke von Spangen sind heute noch unter der sehr willkürlichen Bezeichnung ›Panzer des Theodorich‹ im Stadtmuseum aufbewahrt. Wie nämlich die schaffende Natur gewisse Formen, so die des Eiskristalls oder des Schneckenhauses, in ihren anderen Bezirken, etwa im Pflanzenreich, wiederholt, so finden wir auf jenen goldenen Resten das nämliche sehr seltene, an Runen erinnernde Zangenornament, das auch den Gesimskranz des Grabmals ziert, und manchem genügte dies, um den wundersamen Fund mit dem Bestatteten in Zusammenhang zu bringen.

Zeitig erschien am anderen Morgen der Vetturino, um mich nach Sant' Apollinare in Classe zu bringen. Ich nahm mir vor, ihn von dort in die Stadt zurückzuschicken und allein in die Pineta hinauszuwandern.
Das Wetter war anders geworden; ein staubtreibender

Herbstwind zog unablässig von Osten, als ich durch die lange Allee der Linden und Platanen fuhr, um die einsamste der alten Kirchen zu besuchen. Auf den ausgetrockneten Äckern arbeiteten Bauern; sie zerkleinerten wuchtige harte Erdklumpen mit ihren Harken, die sie vor jedem Schlage ganz hoch erhoben. Lange Zeit waren Wegwarten das einzige Blühende am Straßenrand. Staub lag auf ihren blauen Sternen; aber auch Weingärten, Hecken und die kümmerlichen Früchte eines Orangenbaums waren grau überzogen, nur ein angemähtes Kleefeld bewahrte sein frisches Dunkelgrün. Oft streiften uns die Schatten der Flugzeuge, deren Piloten im Luftraum übten; mit spielerischer Kühnheit zogen sie Kreise und Schleifen und ließen sich manchmal wie Abstürzende bis zum Boden heruntergleiten, um jäh wieder emporzuschnellen.

Mein Vetturino tat, als verstünde er nicht, als ich ihn bei der Ankunft entlohnte und entließ; er hatte noch große Pläne mit mir gehabt, gab sich aber zufrieden, als ich ihm die Rückfahrt gut bezahlte. Aus einem Nebengebäude trat eine erschreckend blasse junge Frau von feiner Gesichtsbildung, warf sich einen schwarzen Schleier über den Kopf und kam heran, um das Portal der Basilika zu öffnen. Eine Führung drängte sie mir nicht auf; an einen der mächtigen Bischofsarkophage gelehnt, die in den Seitenschiffen aufgereiht sind, blieb sie stehen, den großen Schlüssel in der Hand, und überließ mich mir selber. Ihre dunklen Augen aber ruhten wie Augen eines Todesengels unverwandt auf mir; sie schienen zu fragen: Was willst du hier? Bald wurde mir diese stumme Beobachtung ein wenig bedrückend; ich äußerte mein Bedauern, daß sie so viel Zeit durch mich verlöre, da schüttelte sie mit einem freundlich müden Lächeln den Kopf: »Restare – guardare – studiare« (Bleiben, betrachten, studieren), jedes dieser Worte verstärkte sie mit einer nachdrücklichen Handbewegung, und von nun an war mir ihre Gegenwart eher wohltätig, als gehörte sie in die Stimmung des Raums.

Was willst du hier? Ist das nicht eine Frage, die man sich selbst stellt? Was drängt uns, in überfüllten Zügen an tausendfach blühendem Leben vorüberzufahren, um die Reste

einer versunkenen Welt zu besuchen? Was zieht uns in diese Tempel, die zufällig den Bilderstürmen entgangen sind und sich im Zeitenstrom, stark unternagten Klippen gleich, noch eine Weile halten?
Keine Basilika Ravennas ist so unentstellt bewahrt geblieben wie Sant' Apollinare in Classe. Vierundzwanzig byzantinische Säulen tragen die Halle, die um so feierlicher wirkt, als weder Bänke noch Stühle darin stehen. Sie verliert sich nach oben in das offene Sparrendach und findet in der Apsis mit einem herrlichen Siegel ihren Abschluß. Hier empfängt uns ein großartiges Mosaikgemälde, das den Blick in die Tiefe einer waldigen Landschaft lenkt. Wie aus einem Traumreich gehen von links und von rechts weiße Lämmer auf den heiligen Apollinaris zu, der mitten auf einer Wiese steht und seine Hände, die Flächen nach oben, zum Gebet erhebt. Seine Haltung, sein fester Blick und auch sein Gewand erweisen ihn als einen Lebenden; die Gebärde seiner Hände aber erinnert an Figuren der Kallistuskatakombe: diese stellen dort Seelen Verstorbener dar, die im Paradiese beten. Lilien blühen auf dem Weg der geisterhaften Tiere, Lilien und zarte Rosen, und auf einmal entsann ich mich, gelesen zu haben, das ganze große Bild stelle eine Vision des Heiligen dar, die ihn draußen in der Pineta überkommen haben soll. Von ungelenker Hand gemalt stehen Bäume, Sträucher, Blumen und Vögel auf grünem Grund; hoch oben aber, in einem breiten roten mit Schmuckwerk durchrankten Ringe funkelt auf blauem Grund ein lateinisches Kreuz, von Sternen wie von goldenen Bienen umschwebt. Wo die Kreuzesarme zusammentreffen, erscheint im goldenen Kreise das Antlitz des Erlösers. Ja, es *ist* eine Vision, die Schau einer Verklärung; manche Zeichen bestätigen es, vor allem die zwei Prophetengestalten, die aus Wolkenstreifen hervorleuchten.
Unter dem großen Mosaik erhebt sich auf breitem Stufenbau der prunklose Hochaltar, den eine spätere Zeit hereingesetzt hat; in seiner Nüchternheit gemahnt er an evangelische Kirchen. Auch die uralten Steinsärge an den Wänden der Seitenschiffe haben wenig oder gar keine Zierden.

Einigen sind Symbole aufgemeißelt; so sehen wir beiderseits vom Christuszeichen wieder den Pfau, der die ewige Herrlichkeit bedeutet, und den Weinstock mit den Trauben der Gnade, an denen die Seele als Täubchen pickt.
Geduldig war mein Todesengel am Sarkophag stehengeblieben. Die Blässe dieser Frau hatte wirklich etwas Bedrohliches, und beim Abschied erfuhr ich, sie leide an Wechselfieber, dem ja in diesen Gegenden zur heißen Jahreszeit kaum jemand entgeht. Sie schien dem Übel, das bei ihr schleichend geworden war, keine übergroße Bedeutung beizumessen: »Molto seccante« (sehr lästig), dies war alles, was sie über ihr Befinden äußerte.
Vom Ausgang holte sie mich noch zur linken langen Wand zurück und deutete auf die bekannte Inschrift, die über den deutschen Kaiser Otto den Dritten berichtet. Der junge Monarch, der so sehnsuchtsvoll von einem Gottesreich auf Erden schwärmte, um schließlich, als Zweiundzwanzigjähriger, dem eigenen Volk entfremdet, in Schuld und Unglück unterzugehen, war, von den Römern vertrieben, mit bloßen Füßen nach Classe gepilgert und unterzog sich im Kloster des heiligen Romuald, als Mönch eingekleidet, den strengsten Bußübungen, um die Ruhe seiner Seele wiederzufinden.
Ich verließ die Basilika und verfolgte meine Richtung. Nach einer kleinen Stunde war die Eisenbahn überschritten; ein Hauch wie von zerriebener Muskatnuß würzte die Luft, fernher erklang das eintönige Sichabmühen des Meeres, dem ich, so gut es ging, auf geradem Weg entgegeneilte, und jetzt nahte sich mir wieder Theodorichs klarer, weltlicher Geist. In ihm lebte kein so übersteigerter Begriff von religiös-politischer Sendung wie in jenem letzten Otto; zu ihm gehörte auch kein demütiger Büßergang und kein früher Tod. Er wurde siebzig Jahre alt; das Leben ließ ihm Zeit, was an Schuld auf ihm lastete, durch Taten und Wandlungen zu tilgen.
Ich kam in die jetzt so entlegene, von Kanälen zerschnittene, von ginstrigem Gestrüpp durchflochtene, mit Spinnenfäden durchstrickte Pineta und erreichte endlich den Strand. Ein schwarzer Kahn schien draußen durch die Brandung zu

schießen; es war aber nur eine besonders dunkle Sturzwoge, die den weißen Schaum überquerte. Im Sande waren bis zu den Bäumen hin die sanften Linien des Wellenschlags eingezeichnet. Mühsam zerrten Fischer ein riesiges braunes Netz ans Land; Massen von Tang, Schlamm, filzbraunen Algenkugeln und ein paar fingerlange Fischchen waren die Beute. Da trug mich Erinnerung in heimatliche Ferne, an unser skythisch kühles bayrisches Donauufer; ich dachte an die schweren Hechte, Karpfen, Welse, Rutten und Aitel, die dort mein Nachbar, der Fischer, und sein Weib an günstigen gewitterdumpfen Tagen mit ihrem viel kleineren Garn aus dem mäßig breiten Strome heben.
Die Brandung wird stärker, manchmal richtet sich eine Welle in der Haltung einer erregten Kobra auf; aber während sich ihr Hals wie im höchsten Zorne bläht, bricht sie zusammen.
Die Flugzeuge waren längst in ihre Häfen heimgekehrt. Unter dem flimmernden Mittagshimmel näherte sich von Osten her ein Schiff mit vier lichtweißen übereinandergespannten Segeln. Ich ging wieder der Pineta zu: Klettensträucher wechselten mit blauen Dünendisteln. Eine Eidechse mit grünem Rückenstreif sah aus, als läge ein Grashalm auf ihr. Kleine violette Schmetterlinge waren wie fliegende Veilchen in der glänzenden Luft.
Nicht viel anders mag der Strand gewesen sein, in dessen Nähe einstmals Theodorichs Grabturm stand.

Endlich stand ich vor der Kuppelkirche San Vitale, deren Herrlichkeit so viele Bücher preisen, und wieder, wie vor dem Besuch der Sagrestia nuova, regte sich die sonderbare Furcht vor der vollkommenen Schönheit; ich schob das Eintreten noch ein wenig hinaus, obgleich schon Tropfen aus Gewitterwolken fielen, und trieb mich in den Kreuzgängen herum.
Über einem viereckigen Rasen grünen Gruppen junger Lorbeerbäume; den Mittelpunkt bildet ein Brunnenbecken. In allen Winkeln stehen steinerne Aschenkisten, an einer Wand ein Sarkophag, der keinen Schmuck trägt, nur zwei Namen: Firmio, Firmia. Im andern Hof umgeben Fichtenbäumchen

das Denkmal eines Papstes; davor blüht ein Strauch mit weißen Rosen.
San Vitale ist 547 eingeweiht worden, war also zu Dantes Zeit schon eine sehr alte Kirche; daran sollte jeder denken, der das hohe Oktogon mit seinen Umgängen und seinem Doppelkreis von schönen Säulen betritt; dann spürt er noch stärker das Alterslose dieses Baus. Bald aber zogen mich die großen Mosaiken, die den Kaiser Justinian und seine Gattin Theodora mit ihren Gefolgen darstellen, in den Altarraum hinein. Wer aus Padua von den seelenvollen Fresken Giottos kommt, der erfährt hier zunächst eine Befremdung. Der Traum des mittelalterlichen Abendlandes, der unsere Kindheit im schlichtesten Dorfkirchlein anrührte, hier ist er noch fern; auch grüßt uns kein Blau, dem Visionen entsteigen könnten: die Figuren ragen starr auf lichtem Goldgrund und stellen sich dem Beschauer mit ihrer ganzen Vorderseite dar. Wir spüren Byzanz, höfische Pracht und Zucht, feierlich gemessene Zurückhaltung. Diese Dauerbilder wollen bedeuten und gebieten, nicht erwecken, rühren und bekehren. Kelch und Kreuz, heilige Symbole, die sich aus dem Leben, Bekennen und Leiden eines gottglühenden Menschen schmerzlich groß hervorentwickelt haben, hier sehen wir sie als fertige übernommen und zur Erhöhung irdischer Majestät verwendet. Der Kaiser trägt ein weißes, goldverziertes Unterkleid, von dem wir außer dem rechten Ärmel nicht viel sehen, darüber ein dunkles, fast mönchisches Gewand, das aber durch einen goldenen, braun und grün gemusterten Einsatz ausgezeichnet ist und rechts in der juwelenreichen Schulterspange seinen Halt findet. Rubine und Saphire reihen sich in die Perlenkreise des niederen Diadems; an den schmalen Schuhen haften gelbe Blumen. Die linke Hand ist unter dem Kleide verborgen; sie hilft eine weite goldene Schale tragen, die von der rechten gehalten wird. Das jugendliche Antlitz des Herrschers ist durchaus das Gesicht eines aus dem Volke hervorgegangenen Mannes, kraftvoll, sinnlich, selbstbewußt, zwar ohne die geistig freie Hoheit eines Julius Cäsar, die mit schöpferischer Sicherheit Entscheidungen auf sich nimmt, aber verstandesklar, mit einem schlau

grüblerischen Zug und voll guten Willens. Kaiser und Kaiserin schicken sich eben an, Weihegaben in die Kirche zu bringen; rechts von Theodora schiebt bereits ein Diener den Vorhang zurück, der das Heiligtum abschließt. Dort werden sich die beiden vor der Gottheit beugen, als deren irdische Willensträger, Schützer und Ergänzer sie sich selbst empfinden dürfen. Oben in der Apsis thront als Imperator ein bärtiger Christos, der einer späteren Kunstperiode angehört als der jugendlich ernste anmutige Jesus, den wir an der Tribüne sehen. Dieser, in dunklem Gewande, sitzt auf blauer Weltkugel und hält mit der Linken das Buch der Wahrheit; mit der Rechten reicht er dem Märtyrer Vitalis die Krone des Lebens, während ihm der Bischof Ecclesius, der Gründer der Kirche, deren Modell entgegenhält. Als wäre die unmittelbare Nähe des Erlösergottes zu gewaltig für die beiden sterblichen Männer, trennt jeden wie ein isolierendes Element ein Engel von ihm.
Nur für den Triumphierenden, den Pantokrator, ist Raum in diesem Presbyterium; nicht leicht vermöchten wir uns den Jesus von Nazareth hereinzudenken, der mit seinen Freunden durch die Bergtäler Galiläas ging und den Sanftmütigen das Erdreich verhieß. Den Leidenden konnte man freilich auch hier nicht umgehen; doch nur im Sinnbild erscheint er. Auf tiefblauem gestirntem Grunde steht das Gotteslamm, den Glorienreif um das Köpfchen, mitten in einem Früchtekranz, den von jeder Himmelsrichtung her ein Engel hält.
Justinian und Theodora aber dulden es nicht lange, daß man den Blick von ihnen wegwendet. Über ihren Kronen tragen auch sie die Heiligenscheine; alles scheint um ihretwillen da zu sein, und wirklich spüren wir um sie herum ein festes Zueinanderhalten, wenn wir die zum Dienst Berufenen betrachten, die bald verschmitzt, bald einfältig dreinschauenden Männer und Jünglinge, die hübschen Frauen und vor allem das kraftvolle von Verantwortung geprägte Gesicht des Bischofs Maximianus. Hier gibt es keine Wunder und Legenden wie in der Capella Arena; wir haben trotz des unsinnlich strengen Stils Bildnisse vor uns, geschichtliche Men-

schen, die vor vierzehnhundert Jahren gelebt haben, ein kühnes, vielbedrohtes Leben in gärender Zeit, bald von innigem Willen zum Frommsein getragen, bald von Angstdämonen zur Grausamkeit getrieben; an ihnen vorüberzugehen ist unmöglich.

Das bleiche schmale Antlitz der Kaiserin verrät uns nicht ihre innerste Art, und unwillkürlich sendet man das Gedächtnis auf die Suche nach ähnlich aussehenden Frauen, die uns im Leben begegnet sind. Ich fand nur eine, an die mich Theodora erinnerte, und sie ist lange tot. Es war eine nicht mehr junge Münchener Bürgerstochter mit flackernd schwarzen Augen, unverheiratet, sich selbst ein wenig fremd, auch in scheinbar gesunden Tagen an erhöhter Körperwärme leidend, und durch eine Verengung der Nase im Atmen behindert. An Sonntagen ging sie in reichem Perlenstaat zur Basilika des heiligen Bonifaz, wo Ludwig der Erste begraben liegt; sie sah dabei niemand an, galt überhaupt als wunderlich und stolz. Auf den Gedanken, sie könnte vor mehr als tausend Jahren schon einmal dagewesen sein, ist sie wohl nie gekommen. Übrigens war sie Mitbegründerin eines Asyls für obdachlose Tiere, und wem an ihrer Zuneigung lag, der mußte für diese Stiftung Opfer bringen. Schließlich starb sie im gleichen Alter und an der gleichen Krebskrankheit wie ihr kaiserliches Ebenbild.

Auf einmal aber schämt man sich der Vergleiche und glaubt an die Einzigkeit der seltsamen Herrscherin, die uns tröstlich zeigt, wie weit ein Mensch über frühere Formen seiner Existenz hinauswachsen kann, wenn ihm Liebe und Lehre zur Wandlung verhelfen. Seit Prokopios verweilen die Schreibenden gern bei Theodoras zuchtloser Jugend; es muß aber von Anfang an ein Keim des Außerordentlichen, vielleicht auch die Gabe der Vorschau, in der Tochter des Zirkusbärenführers gelegen haben, – wie hätte sonst Justinian, der ein kühler Bauernkopf und ein geborener Staatsmann war, sie als ebenbürtig empfinden, ja ihr als der dauernden Erhöherin seines Wesens grenzenlos vertrauen können, so daß er kaum jemals einen wichtigen Schritt unternahm, ohne sich von ihr beraten zu lassen?

Jetzt aber eilt, ein Taschenlämpchen in der Linken schwingend, mit der Rechten hastig den langen schwarzen Rock zuknöpfend, der Kustode herbei, um mir das Betrachtete noch einmal zu Gemüte zu führen; doch scheint es ihm wichtiger, den schmalen Teil des ursprünglichen Fußbodens zu zeigen, der mit seiner Mosaikzierde noch erhalten ist; auch macht er darauf aufmerksam, daß der gesamte Grund des Presbyteriums im Laufe der Zeit sich beträchtlich gehoben hat, eine Erklärung weiß er dafür nicht anzugeben. Das Taschenlämpchen hält er hinter eine Platte des Altartisches, und das kleine Licht ist stark genug, den harten orientalischen Alabaster völlig zu durchdringen.
Der Geist aber mahnt sich zu stiller Versenkung, und hiezu laden die zarten Mosaiken der Seitenwände ein; sie rufen Altbekanntes auf eigene Weise zurück. Über den schönen Säulen, im südlichen Bogenfeld, sehen wir einen hohen Opfertisch errichtet. Abel hat seine Behausung verlassen und naht, um ein Lamm darzubringen; ihm gegenüber steht Melchisedek, der Priesterkönig, dessen Stadt Salem im Hintergrund angedeutet ist, seine Gaben sind Wein und Brot. Rechts über dem Bogen erkennen wir Jesajas, den Verkünder des Heilands, links den noch jungen Moses am Berge Horeb: Flämmchen schlagen aus Gestein, er zieht seine Schuhe aus, es ist heiliger Boden. Auf der Gegenwand ragt mitten in der Bogenfläche ein weit verästeter Baum; darunter auf zierlichem Tischchen liegen runde, kreuzförmig eingeschnittene Brote, unseren Semmeln ähnlich; nebeneinander sitzen die drei Engel, kenntlich nur durch Heiligenscheine, nicht durch Flügel. Der Himmel glüht von farbigen Wolken; es ist, als wehe ein milder Wind vom Garten Eden herüber. Lauschend steht Sara am Eingang des Hauses, Abraham, in demütiger Haltung, bringt seinen Gästen eine wunderliche Speise, sie gleicht einer winzigen Kälbchenfigur.
Das Bild weckt einen fast verlernten Schauder der Kindheit auf; war doch der Engel, der Himmelsbote, das erste Wesen, das uns eine Ahnung des unbedingt Wahren und Schönen eingab. So hart es war, in der Winterfrühe des Advents aus der Bettwärme zu steigen, man tat es doch ohne Zögern,

wenn die Glocke zum Engelamt läutete. Die Mutter gab einem ein rotes Wachsstöckchen mit, dieses zündete man im Kirchenstuhl an der brennenden Kerze des Nachbars an und stimmte in die alten Lieder ein, die man nur halb verstand. Durch alle Bücher, Träume und Gespräche gingen damals Engel; doch schien es zu ihrer Bestimmung zu gehören, daß sie unsichtbar blieben: man sagte, sie verrieten ihre Nähe nur durch ein eigentümliches Aufglänzen der Luft oder den Blütenhauch ihrer Flügel, ja meine Gespielin Eva raunte, man müsse sterben, wenn man einen sehe. Gestalten waren sie wohl, doch körperlos, an elektrische Kräfte erinnernd, gleich diesen weder an Stoff noch an Schwere gebunden und, als unmittelbare Ausstrahlungen Gottes, mit höchster Macht begabt.

Später hörten wir von den Götterboten der griechischen Mythen; aber die reizende Iris, der schlaue Hermes, der nebenher als der Beschützer der Diebe galt, wie wollten sie aufkommen gegen die lautere furchterregende Flamme eines Erzengels, in dessen Aufträgen es doch immer um das Heilige ging? Der Herr, als dessen Gesandte sie kamen, unterstand ja nicht wie Zeus der Moira, dem Schicksal; er selbst war das Schicksal. Athene, die Ernste, Werkfreudige, war ihnen noch am ehesten verwandt, und in einem glichen sie den Olympischen überhaupt, in der ewigen Jugend; es gibt keine alten Engel. Könnte ein Engel altern, so wäre er keiner mehr. – Jung ein Engel, alt ein Teufel, sagt ein deutsches Volkswort.

Meinem Kindersinn waren die Engel weit anziehender als Gott selbst, der nun einmal nicht in die nahe Wirklichkeit hereingehörte, und daß er sich in einem jener drei verbarg, nahm der gütevollen Szene im Hain Mamre viel von ihrer Vertraulichkeit. Unruhe kam von diesem Jehovah, der immer Sorgen hatte und einem erzürnbaren Menschen glich, und wirklich sehen wir dicht bei dem Idyll, das den herzlichsten Verkehr zwischen Himmel und Erde verewigt, ein anderes Bild. War dort im Garten dem alten Abraham ein Sohn versprochen worden, so sehen wir hier am Berge den gleichen Patriarchen in hypnotischem Gehorsam gegen jenen all-

mächtigen Gast zur Hinschlachtung des schuldlosen Knaben bereit. Unerklärlich müßte einem von Schillerscher Humanität Geprägten solch ein Vater bleiben, wenn wir nicht heute wüßten, daß in Urzeiten Menschenopfer zum Kult fast aller Völker gehörten; wurden doch bei besonderen Anlässen sogar Könige und Königssöhne feierlich zur Totenwelt hinabgeweiht. Wir kennen ja nur winzige Strecken des furchtbaren Weges, den die Menschheit zurücklegen mußte, um sich den eingeborenen Dämonen der Vernichtungswut zu entwinden, der stündlich lauert, sie wieder einzuholen. Aber schließlich war der Vorgang am Berg ja nur eine Prüfung gewesen. Vom Bildrande herunter, Einhalt gebietend, ragt auch hier die kleine Hand, die wir schon kennen, und keine noch so dramatische Darstellung, kein herbeigeeilter Engel könnte den Beschauer mehr ergreifen als dieses kindliche, fast puppenhafte, dieses ganz unpersönliche Händchen, das uns den Jehovah völlig vergessen macht. Ein Zeichen ist es nur; aber wir fühlen in ihm einen heiligen Willen, der zwar die Geschöpfe schrecklichen Proben unterwerfen muß, am Ende aber doch zum Quell der Liebe zurückstrebt.
Indessen hatte das losbrechende Gewitter allerlei Leute hereingescheucht, darunter eine Gruppe junger Deutscher, die sich halblaut unterhielten; der Mundart nach konnten sie Würzburger sein. Sie kannten die Kirche schon, und als sie den Altarraum betraten, machten sie sich gegenseitig nur auf kleine Einzelheiten aufmerksam, vor allem auf das bunte Getier, das die schmückenden Ranken der Kuppel belebt; sie gerieten dann in ein Gespräch, von dem nichts vernehmlich war, bis ein blasser Jüngling, anscheinend Student, ganz trocken äußerte, die Zeit der Malerei sei ein für allemal vorüber, sie vermöge mit ihren Mitteln das tiefere Schauen des neuen Menschen nicht mehr zum Ausdruck zu bringen. Seit dem Ersten Weltkrieg hat man dergleichen Ansichten öfters gehört; sie klangen fremd und doch nicht unbegreiflich in einem Lande, das mit schönen Bildern überfüllt ist. Die Gruppe ging zwischen den Säulen weiter; ich erfuhr nicht, wie der junge Mann sein starkes Wort begründete; als mir jedoch die Plauderer auf ihrem Rundgang wieder nahekamen,

sprach eine kleine Dunkelblonde von Zeiterscheinungen, die auch ihr zu denken gäben. Wenn der nächstbeste Mensch, dies war der Sinn ihrer Rede, falls er nur genügend viele Zigaretten einer bestimmten Sorte kauft, die edelsten Werke Correggios, Michelangelos, Leonardos, Grünewalds, Altdorfers, in ausgezeichneten Nachbildungen als Dreingabe zum Rauchtabak erhält, wenn also die edelsten Erzeugnisse des Genius massenhaft wie Schneeflocken überallhin verschleudert werden, so bedeutet das doch in irgendeinem Sinn ein Ende, meint ihr nicht? Und je besser eine solche Wiedergabe, um so schlimmer. Man mag es Errungenschaft nennen, und da und dort entspringt wohl echte Beglückung daraus, wofern ein mühelos Aufgefangenes beglücken kann. Einst aber sind Menschen weite Wege gegangen, um vor einem Bild zu knien, das ihnen heute der Krämer nachwirft. Wir leiden nicht Mangel; wir erleiden Fülle. Wir gleichen ein wenig jenen Gästen, auf die, nach einer alten Erzählung, der tückische Wirt am Ende des Festes, nachdem er alle Ausgänge versperrt hatte, stundenlang die herrlichsten Rosen niederregnen ließ, unter denen sie schließlich erstickten.
Die Stimme verklang; ein Blitz, der ins Presbyterium hereinleuchtete, lenkte den Blick noch einmal zu jener Darstellung, wo dem jungen Hirten Abel gegenüber der König opfert, den sein Volk Melchisedek nannte, ›König der Gerechtigkeit‹. Ihn muß in düster-blutiger Frühzeit schon ein Hauch von Liebe und Kultur umgeben haben: er schlachtete nicht mehr Tiere, um die Gottheit zu erfreuen; er war der erste, von dem wir wissen, daß er Korn und Wein für die dem Menschen gemäßere Spende hielt.
Das Gewitter ging in einen gleichmäßig schwachen Regen aus; die Kirche wurde leer, und sobald ich allein war, beruhigte ich mich über die Zukunft der Malerei. Gegen die Stimme des jungen Verneiners war von Anfang an ein Widergefühl in mir gewesen; vielleicht findet sich einmal ein bündiger Ausdruck dafür. Entscheiden werden die Künstler. Gewiß geht irgendwo schon ein stilles oder wildes Sonntagskind umher, das berufen ist, im dunkelglühenden Zeitgewühl die feinen Lichtbänder zu entdecken und aufzu-

zeichnen, aus denen sich das Wesen einer neuen Welt erschließen läßt.

Als ich von San Vitale in den Gasthof zurückkehrte, standen Padrona und Cameriera in meinem Zimmer, über den Papierkorb gebeugt, nahmen Briefumschläge heraus, prüften sie und legten sie auf den Tisch. Fast sah es aus, als forschten sie in amtlichem Auftrag nach verbotenen Schriften. So war es aber nicht; die beiden Frauen sind nur Briefmarkensammlerinnen. Die Post von drei Wochen war auf einmal gekommen; sie schienen mit ihrem Fund zufrieden. Eine tiefblaue Marke tat es ihnen vor allem an; der Brief war vom Dichter der ›Sterbenden Kirche‹ aus Estland gekommen; sie hielten das Wertzeichen für namenlos kostbar. Nachträglich holte sich die Herrin meine Erlaubnis ein, fragte, wie ich mich in Ravenna befände und lobte mein Italienisch, von dem sie doch kaum zehn Worte vernommen hatte. Der postino bringt neue Briefe, meine Geltung im Albergo steigt. Allen Berichtigungen zum Trotz werde ich professore genannt, und sogar der alte Vater tut nicht mehr ganz fremd, wenn er an meinem Tisch vorübergeht. Wer aber hat, o dem wird gegeben! Es klopft; Männer tragen ein Schreibtischchen herein und erkundigen sich, wohin es gestellt werden soll. Nicht vergessen darf ich auch die große Wohltat, die mir gestern beim Schlafengehen widerfahren. Ein feiner scharfer Duft lag im Zimmer, und kein leisestes Gesumm störte das Entschlummern. Die Schaffnerin, die mich bisher dem unvollkommenen Schutz des Moskitonetzes überlassen hatte, ist in sich gegangen, hat Flit verstäubt und alle Quäler vernichtet. Als mir das hübsche, geschmeidige Wesen aber heute auch noch anbot, zum gleichen Preis ein schöneres, größeres Zimmer für mich freizumachen, da erwachte mein altes Mißtrauen gegen allzu reiche Schicksalsgunst; überdies fiel gerade mein Blick auf die weiße, zur Schwelle geschobene Marmorhand: sie erinnerte mich an die Einhalt gebietende Hand Gottes im Presbyterium von San Vitale. Ich sagte, die Stube sei mir schon sehr lieb geworden, ich würde mich nicht leicht an eine andere gewöhnen.

Nahe bei der Kirche des heiligen Vitalis liegt ein freier, mit jungen Pinien bewachsener Platz; dort steht unscheinbar wie die graueste Nachtigall das berühmte Grabmal der Kaiserin Galla Placidia. Es ist nach der Form des lateinischen Kreuzes angelegt; der unregelmäßige kleine Backsteinbau trägt außen als einzigen Schmuck den Pinienapfel, das Zeichen der Ewigkeit. Ganz nach innen gebaut will diese Kapelle nur von Eingeweihten gekannt sein.

Man glaubt jetzt zu wissen, die Herrscherin, die 450 in Rom gestorben ist, sei auch dort bestattet worden; dann hätte niemals ihr Leichnam in dem kleinen Mausoleum geruht, das sie sich in ihren letzten Lebensjahren erbauen ließ. Wer sonst noch in den wuchtigen inschriftlosen Steinsärgen gelegen, die in den Armen des Kreuzes stehen, ist nicht mehr zu ermitteln. Eines aber dürfen wir für wahr halten: Galla Placidia, römische Kaiserin und Königin der Goten, sie hat als Alternde in diesem Raum die stillsten Stunden der Einkehr verbracht und den Frieden vorgefühlt, dem ihr kampfgeprüftes Herz von Jahr zu Jahr entgegenreifte.

Wenn sich das Auge an den fahlen Höhlenschein gewöhnt, den die sechzehn kleinen Alabasterfenster gewähren, so erschimmert über dem gelben Marmor der unteren Wände in Wölbungen und Nischen das Mosaikenwunder: eine morgendliche Welt ohne Angst, ohne Sorge umfängt uns. Wie Giottos Visionen in Padua, so tauchen auch hier die mystischen Bilder aus blauen Gründen auf; aber dieses Blau hat keine Schwere, es ist wie das Übernatürliche, dem die sichtbare Natur entwächst. Wo Urnacht und ewiges Licht gleich kräftig ineinanderklingen, da schauen wir Erdenkinder den Azur, der Sehnsucht nach beiden erweckt. Der Künstler hat die unzerstörbaren Farben aus dem Orient mitgebracht; aus welchen Erden sie bereitet wurden, ist nicht überliefert.

Der herrlichste Schatz von Blau, der sich überallhin auszuteilen scheint, ist in der Kuppel angesammelt; es ist hier bis zur Schwärze dicht und von goldenen Sternen recht eigentlich durchwoben; denn die langen Strahlenspitzen laufen ineinander über, sie bilden ein leuchtendes Netz, und auch das kleine goldene Kreuz in der Mitte fügt sich als natürliches Gestirn dem Ganzen ein. In den Zwickeln treten, wie aus Wappengold getrieben, die Sinnbilder der Evangelisten hervor, und alle haben Flügel, nicht nur der Adler, sondern auch der Löwe, der Stier, der Mensch. Diese höchste Sphäre wird durch einen dunkel eingefaßten Streifen von pompejanischem Rot nach unten abgegrenzt. Wellenhaft über die rote Bahn hin schwingt sich ein Silberband, überhangen mit weißen gekräuselten Fäden.

Der tiefe kleine Kapellenhimmel schaut auf eine Totenwohnung nieder, wo uns alles zur Daseinslust ermutigt. Mit Blumen und Rebengewinden lächelt Hellas in die Christlichkeit herein; weder Todgespenst noch Teufel darf im Umkreis der kaiserlichen Mutterseele schrecken, und auch jene Duldergestalt, in der man den heiligen Laurentius erkennen will, bekräftigt nur den Sieg des Geistes über körperliche Qual. Entschlossen und beschwingt, sein Kreuz leicht auf der Schulter tragend, das aufgeschlagene Buch der frohen Botschaft in der Hand, so schreitet der Bekenner zum Eisenrost, durch den rotgoldene Flammen in den rauchgrauen Raum emporzüngeln. Ein Schrank, in dem die vier Evangelien aufbewahrt sind, steht so nah bei dem lodernden Feuer, daß einer der weitgeöffneten Türflügel gefährdet erscheint, und dieser Schrein hat früheren Forschern zu denken gegeben; sie halten es nicht für wahrscheinlich, daß das Neue Testament auf dem nämlichen Bilde zweimal vorkommt. Sie vermuten in dem Schreitenden einen anderen Märtyrer und in dem aufgeschlagenen Band ein anderes Buch. Aber auch wenn diese ältere Deutung richtig wäre, so würde sich deshalb an der Stimmung der Szene nichts ändern.

Wir sehen auch nirgends den toten oder den sterbenden Kruzifixus zur Anschauung gebracht. Im Bogenfeld über der niedrigen Eingangstür sitzt ein jugendschöner guter Hirte auf stufigem, Pflanzenwuchs tragendem Gestein, gekleidet in Purpur und Gold, mit kreuzgeschmücktem Stabe, bartlos, die ernsten Züge weiblich gemildert, inmitten seiner Herde. Die Lämmlein sind von ihrem holden Hüter ganz bezaubert, und während er von ihnen weg in eine unbekannte Ferne blickt, wenden sie ihm einmütig ihre Köpfe zu. Eines hat sich ihm genähert; er liebkost es, und obgleich er es dabei gar nicht ansieht, spüren wir in der zärtlichen Gebärde doch das innige Verhältnis, in dem die alten Hirtenvölker zu diesen Tieren standen; zugleich begreifen wir, welch große Handlung es für sie war, solch einen Schützling als Opfer darzubringen.

Unterhalb der Kuppel stehen acht weißgekleidete Apostelgestalten auf goldenem Grund; jeder hält eine Schriftrolle in der Linken, während er die Rechte zu einem lichtwolkigen Firmament erhebt, das pfeilhaft gespitzte Strahlen auf alle herabsendet. Wohin wir schauen in dieser Grabkirche, überall atmet uns Unsterblichkeit an, und manchmal glauben wir auch das besondere Licht jenes Zeitalters zu spüren. Jedes Apostelpaar hat eine Marmorschale zwischen sich, deren Mitte von einem orangefarbenen Ring umlaufen ist, und auf dem Rande stehen immer zwei weiße Tauben, deren eine von dem himmelblauen Wasser trinkt. Zwischen weißen und grünen Gewächsen, die sich, jungen Farntrieben ähnlich, aufrollen, suchen Hirsche, die wir schon aus den Psalmen als die Sinnbilder der Seele kennen, den Quell des Heils.

Das nischenartige Gewölbe unterhalb des Laurentiusmosaiks läßt vermuten, daß hier einst ein Altar errichtet war; im fünften Jahrhundert gab es wohl auch keine größere Grabkirche mehr ohne den ›Tisch des Herrn‹. Wahrscheinlich hat von Anfang an die Gegenwart der Eucharistie zu den Versammlungen christlicher Beter gehört; wir entnehmen dies den Totenmahlszenen jener Katakombenbilder, wo Brot und Wein bei dem heiligen Fisch als himmlisches Mahl bereitstehen.

Während aber nun der Blick die leere Wölbung durchsucht, kehren die Gedanken zu einem lehrreichen, vor der Abreise gelesenen Buch zurück, in dem erwähnt ist, es habe wirklich vor nicht gar langer Zeit noch ein Altar in dem Mausoleum gestanden, ein alabasterner, von dessen durchschimmernd rötlicher Platte der Dichter der Divina Commedia die Farbe für ein Höllenbild entlehnte. Durch diese Erinnerung wird alles anders: das reine Glück des Urchristentums entzieht sich, unsere vom Zeitgeist aufgewühlten Seelen fühlen die verwandte Nähe des Florentiners, der wenige Schritte von hier begraben liegt. Über den tröstlich demütigen Bildern des guten Hirten und der trinkenden Hirsche und Tauben zucken düstere Flammen, wir hören die fernen Seufzer, das Weinen und das Wutgeheul des verlorenen Volkes, und wenn nun, wie wir in jenem Buche lesen, eine Farbe vom Tisch der Gnaden als Höllenfarbe dienen muß, so ahnen wir wieder einmal den ungeheuren Zusammenklang der guten und der bösen Mächte unseres Lebens. Tief erhellt sich der Sinn jener Verse vom Beginn des Canto terzo, wo das grauenhafte Inferno von sich selber singt, es sei erschaffen von der göttlichen Allmacht, von der höchsten Weisheit und von der ersten Liebe.

Halbschlaf im Frühzug, vor Sonnenaufgang. Wenn ich die Augen schließe, schwebt vor mir die marmorne Hand vom Albergo Commercio. Ihr edelblasser Farbton erinnert an die hübsche Schaffnerin; aber während mir diese nach und nach immer alltäglicher wurde, weil ich sie mehr und mehr als una donna senza sale empfand, schien die Steinhand von Tag zu Tag an Leben und Ausdruck zu gewinnen; ich ahnte manchmal den Leib, zu dem sie gehörte.

Es wird ein milder Herbsttag; sanft und groß entbreitet sich Oberitalien. Sie sind wieder da, die rötlichen Gebäude, vor denen oft Feigenbäume stehen, die weiten Gärten, wo uns zwischen Rosenbeeten ein kleines Getreidefeld überrascht, die Silberpappeln mit ganz weißen Stämmen, die man von weitem für Birken hält, die leicht gebrochenen Brückenbogen, die auf jedem Ufer ein Zypressenpaar bewacht, die Bauernhäuser, denen riesige Melonen als Dachbeschwerer dienen. Ein Landwirt sitzt mit Frau und Kindern unter einem breiten, aus Reben gewobenen Schirm, von dem schwarzblaue kleinbeerige Trauben herunterhängen; eine andere Familie feiert ihren Sonntag auf mitgebrachten Stühlen am Rand eines Ackers, auf dem immer streifenweise Mais und Kartoffeln abwechseln.

Reiz der Schönheit? Er allein ist es gewiß nicht, was uns zu den Zeugnissen jener Jahrhunderte zieht, die nicht mehr Antike und noch nicht Mittelalter sind. Wir suchen mehr als herrliche Sehenswürdigkeiten, wenn wir nach Ravenna reisen. Mit Schönheit und Formgewalt segnen uns überreich Leonardo, Michelangelo, Raffael, Mantegna und andere; wir sind aber vom eigenen Dunkel zu blind, um den ganzen Glanz dieser Vollkommenheiten in uns aufzunehmen. Wir halten heute lieber Ausschau nach einem Zeitalter, das in seinen Kunstmitteln noch unentfaltet, vielleicht auch manchmal unzulänglich war, aber leidenschaftlich um seine Seele rang. Von den Werken solcher Geschlechter erbitten jetzt ernste Geister Bestärkung für ihren eigenen Weg. Sie drängen zum Ursprung und streben weiter und weiter zurück; so gelangen sie schließlich in die Sphäre des Unsinnlichen, Gestaltlosen, wo sich die Bilder mehr und mehr der Wirklichkeit entrücken. Hier suchen sie den Punkt, wo die Sehnsucht jener frühen Völker mit der unsrigen verwandt ist, – ach oft waren es nur Zeichen und Winke, durch welche damals der Mensch des göttlichen Rates inne zu werden hoffte.

Zeichen und Winke! Daß nur durch sie das Göttliche aufnehmbar sei, weil unmittelbares Erkennen vernichtend wäre, davon künden unzählige Geschichten und Legenden der Völker. Noch in Goethes Dichtung erfährt es Faust, der mittelalterliche Sucher, als er sich an die Beschwörungen wagt. Er erblickt in seinem magischen Buche das Zeichen des Erdgeistes und erglüht in Kraft und Entzücken; sobald ihm aber der Geist selbst erscheint, erträgt er dessen Anblick nicht und muß voll Entsetzen die Augen abwenden.

Aber vielleicht bedürften wir gar keiner weiten Reisen, keiner Tempel, keiner Gemälde, keiner Zeichen und Winke, wenn uns noch gegeben wäre, das lebendige Wort eines göttlichen Menschen in seiner ganzen Tiefe innig aufzunehmen. Es ist die ewige Stimme, die uns am reinsten löst; sie kann so mächtig sein, daß wir darüber die Person vergessen, die da spricht.

In dem niederbayerischen Flecken, wo ich meine Knaben-

jahre verbrachte, wohnte eine vielbeneidete alte Jungfer; sie verwahrte nämlich in ihrem Gebetbuch ein Bildchen mit der Unterschrift: ›Das einzig wahre Antlitz unseres Herrn und Heilandes Jesus Christus.‹ Es war ein sanftes, harmonisches Gesicht, das Haar in der Mitte gescheitelt und in langen Locken herabfallend wie bei dem Selbstbildnis Dürers, und weil es eine Photographie war, so zweifelten wir Kinder nicht einen Augenblick an seiner Echtheit. Wir erwiesen der Alten gern alle möglichen Dienste, waren stets bereit, ihr Salz, Pfeffer, Soda oder einen geräucherten Fisch beim Krämer zu holen, wenn sie als Lohn versprach, uns das heilige Bildchen zu zeigen, das es nach ihrer und unserer Meinung in der Welt nur einmal gab. Der Besitz dieser Kostbarkeit, die uns freilich später in vielen Exemplaren begegnen sollte, war aber eigentlich das einzige Besondere an der alten Frau; sie ging in die Kirche wie andere ihresgleichen, zeichnete sich aber keineswegs durch Gutmütigkeit aus und galt als böse Zunge. Daß ihr die Worte der Bergpredigt jemals tief ins Herz gedrungen wären, ist nicht anzunehmen. Da sie jedoch den photographierten Heiland besaß, konnte ihr nach unserer Überzeugung weder in dieser noch in der anderen Welt etwas geschehen.
Die wenigen Getreuen aber, die einst mit Jesus wanderten und von ihm lernten, die schwebten noch im reinen Glück der Offenbarung: das herzverjüngende Wort, die Kraft großer Gleichnisse und gleichnishafter Handlungen, die neuen Anrufungen des Geistes, dieses alles prägte, formte und verklärte sie, das war ihnen genug. Auch die äußere Erscheinung des Meisters verschwand ihnen in den Strahlungen seiner Seele; nie sprechen sie von ihr. Das noli me tangere gebot sich von selbst; sie wußten auch, daß das höchste Gut nicht mit Augen des Leibes geschaut werden kann. Ihrer keinem wäre eingefallen, von dem Logos, dem menschgewordenen Sinn der Welt, mit Stift oder Farbe ein Bild entwerfen zu wollen.

WINTERLICHES ROM

1935

Die Münchener Schneeschaufler lärmten in meinen Schlaf herein: endlich weckte mich vollends der Gedanke, daß ich mich auf dem Wege nach Rom befand. Nur zwei Tage waren mir für den Aufenthalt in der Ewigen Stadt bestimmt; ich wollte ganz wenig sehen, das Wenige aber genau. Der Freund hatte zu San Clemente geraten, besonders zu dem unterirdischen Teil der Kirche; auch mußte ich ihm versprechen, im Thermen-Museum, das jetzt Museo Nazionale heißt, den Kopf der schlafenden Erinnys zu betrachten. Er hält ihn für ein Werk der pergamenischen Kunst, hat ihn oft gesehen und jahrelang in der Erinnerung an das wunderbare Antlitz gelebt. Nun aber fiel mir ein, daß meine Romfahrt an eine Verpflichtung gebunden war, daß ich dem Institut für germanische Studien eine öffentliche Vorlesung zugesagt hatte, und gleich bekam alles ein anderes Gesicht.

Ein Alt-Erfahrener kennt seine Zustände; durchleiden aber muß er sie dennoch. Noch immer war die Besorgnis nicht überwunden, man könnte sich durch ein solches Hervortreten die Rückkehr in den stillen Kreis verlegen, der allein ein treues Verhältnis zu Menschen und Dingen verbürgt. Seit einiger Zeit glaubte ich allerdings zu wissen, wie man dergleichen Bedenken entkräftet. Ist uns einmal innerlich ein gewisses Maß von Unabhängigkeit zugewachsen, so kann uns das Draußen, das ein Herrschaftsrecht über uns beansprucht, nicht mehr gar so viel anhaben. Ein Übermut erwacht; wir trauen uns zu, den Diensten, welche die gebieterische Welt uns abverlangt, allmählich unseren eigenen Sinn zu geben. Man drückt uns einen Spaten in die Hand und befiehlt uns, zu graben; es kommt aber auf uns an, was wir aus dem dunklen Erdreich emporheben werden. Und schließlich kann es geschehen, daß auch der anders Geartete meint, er habe im Grunde das nämliche gewollt, wie wir. Auf einmal begann ich mein unbekanntes Auditorium zu lieben, sprang aus dem Bett und freute mich des kalten Wassers.

Überall in dem kleinen Hotel ›Herzog Heinrich‹ warteten die blank geputzten Schuhe der Schläfer noch vor den Türen, als ich mein Zimmer verließ, um zum Bahnhof zu gehen. Der Zug war schwach besetzt; am Triebwagen standen Arbeiter gebückt und hielten Fackeln unter eisbehangene Rohre. In meinem noch ungeheizten Wagen saß ein bärtiger Mann, der dem Schaffner als Reiseziel einfach ›India‹ angab. Er war bequem angezogen, trug ein altes, braunes Filzhütchen, las die ›Times‹ und rauchte seine kurze Pfeife. Bald stieg ein jüngerer zu ihm ein, und aus dem englisch geführten Gespräch der beiden ging hervor, daß sie die große Reise unternahmen, um wilde Tiere anzukaufen.
Zum Brenner hinauf entfaltete sich in blendender Sonne die Winterwelt. Raben strichen von verschneiten Felsvorsprüngen ab, da stoben flimmernde Schleier zu Tal. Der Zug hielt außerhalb eines Bahnhofs in einer Waldlichtung; man sah auf das Eis eines kleinen Weihers hinab, da schienen Goldfischchen eingefroren; es waren aber nur Herbstblätter, die im Eise ihr lebhaftes Rot behielten. In einem Obstgarten waren viele junge Bäume mit Stroh umflochten; darin wühlten Spatzen und Grünlinge nach Körnern. Kinder vollendeten einen Schneemann und gaben ihm eine blaue Glaskugel in den Arm. Bei Bozen unterbrach sich der Winter: Weidenknorren mit einem Gezweig wie feuerhelle Haarschöpfe geleiteten uns durch die Ebene; Löcher im Gestein waren mit schwarzgrünem Laub gefüllt.
Als wir uns Trient näherten, wurde die Landschaft wieder weiß. Ein Abhang lag im Porzellanglanz überfrorenen Schnees; um Grotten und Bachränder konnte man die wunderbaren Glasbläsereien des Januars bewundern. Auch Veronas Umgebung war tief winterlich. Die Geschwindigkeit des leise gleitenden Zuges wurde bemerkbar, wenn man die halb untergegangene Sonne sah, die wie ein glühendroter Schädel dem Gesichtskreis entlang lief. Ganz Oberitalien lag unter einer festen weißen Decke. Noch südlich von Florenz fielen Flocken, die einen dort eingestiegenen Italiener sehr erregten: »Nevica! – Neve!«, rief er, mich anblickend, und schien sich zu wundern, daß ich das Ereignis so ruhig hinnahm.

Er war übrigens ein menschenfreundlicher Mann; denn nachdem ich mich auf der ganzen Fahrt wachgehalten hatte, im letzten Augenblick aber doch noch eingeschlafen war, schüttelte er mich rechtzeitig an der Schulter wach und schrie mir ins Ohr: »Siamo a Roma!« Pünktlich eine Viertelstunde nach Mitternacht lief der rapido im Hauptbahnhof ein, und noch vor ein Uhr bezog ich in der stillen Via Lazio, nah der Porta Pinciana, das bestellte Zimmer. Meine Befürchtung, die Nachtruhe der kleinen Schweizer Pension zu stören, war unbegründet, der Vorsaal war noch von schmausenden, plaudernden Gästen besetzt. Auch die Herrin aus dem Berner Oberland, Frau Maria Schmid, schlief noch nicht. Sie hatte mich erwartet; im Zimmer stand ein Anemonenstrauß. Nach so vielen Jahren war die Freude des Wiedersehens groß, und keines ließ sich anmerken, daß es das andere gealtert fand. An ihr hatte sich das Nornenhafte, das gleichsam aus der Vorzeit Kommende, noch entschiedener ausgeformt. Ihre neue Helferin, Renata, war fast noch ein Schulmädchen, sehr bleich, die Augen leuchtend schwarz, die Züge für dieses Alter etwas zu streng; doch schien in den Wangengrübchen ein Schalk zu sitzen.

Den ersten Schlaf durchbrach ein Gewitter; bald aber wiegte der nachhallende Donner den Geist in Träume zurück. Ich verwandelte mich, doch nicht in Personen, nur in Gegenstände; einmal war ich eine Tür, die heftig zuschlug.

Früh brachte der postino den nachgesandten Kreditbrief. Ich öffnete den Laden und sah unter hellem Blau die rötliche Mauer der Via Pinciana, dahinter schmale Wege zwischen Pinienreihen, alles weiß bestäubt. Aus immergrüner Wipfelferne aber hob sich edelgrau die Kuppel von Sankt Peter, und nun ging es mir erst wahrhaft ins Gefühl: ich bin in Rom. Licht und Stimmung waren wie an einem kühlen deutschen Ostertag.

Nicht weit von der Via Sistina hing an einer Türe ein Täfelchen mit der Aufschrift Presepio; hier trat ich ein. In einem länglichen Saale saß, eingehüllt wie für eine Nordpolfahrt, ein Mann und verkaufte Karten zu einer halben Lira. Auf einem Klavier spielte ein junger, schwarzer Krauskopf die neuesten Schlager. Ein Vorhang wird zurückgeschlagen: eine Rast auf der Flucht nach Ägypten stellt sich dar. Die Figuren sind größer als man sie gewöhnlich sieht; sie erinnern an die Krippe der Münchener St. Michaelskirche. Die heilige Familie ruht vor einem Felsenhalbrund; Vater Josef, an Ariost erinnernd, prangt in Patriziertracht mit einem wie von Frans Hals entworfenen Reisehut; ein sehr irdisch aussehendes geflügeltes Bübchen hält der Muttergottes eine Schüssel hin, der diese mit hölzernem Löffel Speise für das Kind entnimmt. Die schwarzen Augen des Heu fressenden Maultiers glänzen, als stünden Tränen darin. Aus Wolken beugen sich Engel herab; einer schwingt ein Rauchfaß, ein anderer bläst die Flöte. In bläulich gelber Wüstenferne sieht man Palmen und Löwen.

Der Besuch wurde lebhafter; eine Nonne führte Schulkinder herein und verhandelte wegen Preisermäßigung an der Kasse, auch viele Soldaten kamen. Unermüdlich schmetterte der dunkle Jüngling seine höchst weltliche Musik durch den Saal; er meinte es gut, niemand nahm Anstoß daran.

Draußen war es in der Sonne heiß, im Schatten sehr kalt. Eisdolche glänzten an Berninis anmutigem Brunnen, der in Form einer kleinen Fregatte die Piazza di Spagna schmückt; aber lächelnd gingen die frierenden Römer vorbei; der lichtverströmende Himmel bezeugte ihnen, trotz allem, die Nähe des Frühlings. Am Fuß der Spanischen Treppe gab es in den Ständen der Gärtner grüne Zweige und Blumen in Fülle, vor allem jene rötlich gelben Rosen, die man ogni mesi nennt, weil sie jahraus jahrein blühen. Sogar an frischem Obst fehlt es in Italien nur kurze Zeit. Mitte November gehen die Weintrauben aus; aber noch im Dezember erntet man Mispeln, im Februar schon wieder Orangen, freilich noch sehr säuerliche; bald folgen Erdbeeren.

Es wurde Zeit, San Clemente zu besuchen. Vom Colosseum aus geht man in die Via San Giovanni in Laterano hinein und gelangt nach wenigen Minuten zu der Kirche, die ein wenig von der linken Straßenfront zurücktritt. Sie zeigt ein ungleiches Gelb; auf dem Turme wächst Gras, über dem Portal eine schöne Saxifraga. Drinnen sieht man gleich gegen-

über dem Eingang Stücke alter Mauerbögen in die neuere Wand hineingebaut.
Einer von den irischen Mönchen, die Kirche und Kloster verwalten, wollte gerade die Tür zur Sakristei abschließen, von der eine Stiege zur unterirdischen Kirche hinabführt, ließ mich aber, da ich mich als Deutscher auswies, noch eintreten, drängte mir jedoch keine Begleitung auf. Die kurze einsame Wanderung durch diese chiesa soterranea lebt heute nur noch wie ein Erinnern an zeitlose Traumbilder in mir, über die sich nichts Zusammenhängendes berichten läßt. Man geht zwischen langen Wänden durch trüb erleuchtete Räume, und manchmal, mitten im Zerfall, blickt mit ernster Liebe ein halb ausgelöschtes Antlitz auf uns; wir ahnen Gebärden demütiger Andacht, wie sie auf Ikonen der frömmsten Zeit erscheinen. In die neueren Mauern eingefügt sind Bruchstücke zertrümmerter Sarkophage, Säulen und Statuen. Zwischen Akanthusblättern leuchtet ein Jünglingshaupt, dem die Stirne dicht über den Augen abgeschnitten ist; über einer Andeutung von Gewandfalten schimmern zwei Frauenbrüste, anderswo Teile von Flechtkränzen und geflochtenen Gittern, Friese mit griechischen Inschriften, alles aus Marmor, auch zwei schöne schlanke Säulen voller Laub mit vielen Vögeln, frühchristlich und antik zugleich. Vögel in Ranken zu setzen war ja, wie wir belehrt wurden, heidnische Art. Immer wieder grüßt uns Byzanz, am klarsten in einer Nische, wo Maria mit herbem Nonnenantlitz als Kaiserin thront. Auch der Jesusknabe hat ernste, fast ältliche Züge und einen schreckhaften Blick: er scheint die Welt, die er erlösen soll, völlig zu durchschauen.
Während ich diesen Resten der alten Bemalung entlangging, sprangen mir einmal Kieselsteinchen auf die Schuhe. Ich sah nach oben, wo durch ein übergittertes, doch nicht überglastes Fenster das Tageslicht hereinfiel; ein Viereck vom Himmelsblau mit weißem Wolkenrand schwebte über windgebogenen Gräsern, und nun erschienen zwei lachende Kinder, die gleich wieder zurücktauchten, um aus der Verborgenheit noch einmal Steinchen zu werfen.
Weitergehend kam ich in einen fast unerleuchteten Bezirk

und entsann mich, daß irgendwo von Bruchstücken eines antiken Fußbodens die Rede gewesen war, die aus amethysthaltigem Quarz bestehen; dies mußte die Stelle sein. Das Auge gewöhnte sich bald an die zunehmende Dunkelheit; ich geriet zu einer Treppe und stieg vorsichtig hinunter, blieb jedoch auf halbem Wege horchend stehen: Rauschen und Plätschern eines unsichtbaren Gewässers hallte schaurig wie durch eine tiefe Schlucht herauf. Und nun gab oben der Mönch zu erkennen, daß er den Besucher nicht vergessen hatte: ein hilfreiches Licht erhellte plötzlich den ganzen Bereich. Es fiel unter mir aus einem niedrigen gewölbten Raum, jenem tiefst gelegenen von San Clemente, der ein uraltes, einstmals dem persischen Lichtgott Mithras geweihtes Heiligtum enthält.

In der Mitte steht noch der marmorne Altar, der oben zwei ziemlich gut erhaltene Köpfe trägt. Im Relief der Vorderfläche sieht man den Gott, der den Stier erlegt, auf der Rückseite eine sich windende Schlange, links und rechts je eine Figur, die eine mit erhobener, die andere mit gesenkter Fackel. Vor dem Altar steht eine Aschenkiste mit roter Inschrift: CAVTE SACR. Den beiden längeren Seiten des Gewölbes sind massive breite und hohe Steinbänke angebaut, deren jede in ihrer ganzen Ausdehnung eine Stufe trägt; hier waren die Plätze der am Gottesdienste Teilnehmenden.

Während ich, umwittert von Höhlengefühl, das Mithräum durchwanderte, von keinem Laut erreicht als von dem Rauschen jenes acherontischen Flusses, fragten die Gedanken unwillkürlich nach den Menschen, die sich einst im Glauben an Mithras als Gemeinschaft empfunden haben. Was für Opfer brachten sie der Gottheit, um den ewigen Lichtkeim in sich zu bewahren? Man überliefert, es habe eine Weile den Anschein gehabt, als würde Mithras, der arische Lichtgott, über den Jesus von Nazareth siegen. Diokletian verfolgte die Christen, denen ihr Meister mehr bedeutete als die Kaisermacht, aufs grausamste und förderte die Mithrasgläubigen, von denen auch viele im römischen Heere dienten. Der Kult verbreitete sich weit, besonders in Deutschland; wir finden

heute noch Mithräen in Heddernheim, in Dieburg, in Neuenheim, auf dem Halberg bei Brebach.
Warum war schließlich die christliche Bindung die stärkere? Die beiden Religionen hatten viel Gemeinsames: keine beschränkte sich auf ein bestimmtes Volk, beide riefen die gesamte Menschheit auf. Sie glichen sich auch darin, daß sie ihren Eingeweihten eine selige Unsterblichkeit verhießen, – in aeternum renati nannten sich die Mysten des Mithras, und das unterscheidet sie beide von der schlichten Art altgriechischer Frömmigkeit, die allen Seelenglanz ins Hiersein sammelte und keine Versprechungen für ein anderes Leben gab. Mithras war ursprünglich in Indien gemeinsam mit Waruna als der sternenleuchtende Nachthimmel angebetet worden; später verehrte man in ihm den allwirkenden Sonnengeist, nie war er ein leidender Gott. Als echter Soldatengott schützte er Gesundheit und kriegerische Tugenden; zugleich galt er als Bewahrer des Friedens, der Freundschaft und der Bündnisse. Lesen wir aber nun, daß die Frauen von seinen Kultübungen ausgeschlossen waren, so begreifen wir schon ein wenig die Überlegenheit des guten, schönen Hirten in einer sich zersetzenden, vor sich selber erschreckenden Welt. Mochte jene Lehre heldischer klingen und scheinbar tiefer im Kosmischen begründet sein, diese war ohne Zweifel die seelenkundigere, menschlichere, dem höchsten Eros nähere. Es ist, als müßte sich das göttlich Liebreiche, das in dämonischer Natur so dünn verteilt ist wie das Gold in Sand und Gestein, manchmal in einem einzigen Menschen zusammenziehen, aus dem es dann zündend in die Seelen blitzt. So stand hinter dem Urchristentum nicht eine Sagengestalt, sondern ein Mann, ein gotterfüllter jugendlicher Mann aus geschichtlicher Zeit, über die wir einigermaßen unterrichtet sind. Das Volk, aus dem er hervorgegangen war, stand unter der Herrschaft Roms; es hatte unter habgierigen Statthaltern schwer zu leiden, und in diesen grüblerischen, gequälten Menschen war ein wundersamer Traum entstanden: sie glaubten an das nahe Ende der Welt und an den Anbruch eines übernatürlichen Gottesreichs. Von diesen Vorstellungen war auch Jesus durchdrungen, und in der

Erwartung der letzten Dinge steigerte sich sein Wesen ins Übermenschliche. Es scheint ja Bestimmung zu sein, daß erst im Vorgefühl drohender Untergänge aus tiefen Naturen das Tiefste hervorbricht. Seine Tage liegen nicht übermäßig weit zurück. Auf einem Friedhof in der Grafschaft Yorkshire in England steht heute noch eine Eibe, die nach vorsichtiger Schätzung der Wissenschaft dreitausend Jahre alt ist; sie war also schon ein stattlicher Baum, als der Mann aus Nazareth lehrte, und ein jetzt Siebzigjähriger dürfte nur dreißigmal länger gelebt haben, so fiele seine Geburt noch vor unsere Zeitrechnung.

Fragen wir nach den Ursachen der außerordentlichen Wirkungen, die ein Geist hervorruft, so müssen wir vor allem bedenken, inwiefern er sich von jedem andern unterscheidet. Was der Stifter des Christentums aussprach, war gewiß lange vor ihm in Menschenseelen umgegangen. Antigone, die glühend fromme Königstochter von Theben, die furchtlos das göttliche Recht des Herzens gegen den Anspruch der staatlichen Gewalt vertritt und dafür den Tod erleidet, wie nahe verwandt ist sie den Märtyrern der ersten Jahrhunderte! In sehr alten Schriften der Inder und Ägypter sind Erkenntnisse niedergelegt, die in den Sinn der Bergpredigt münden. Vielleicht hat Jesus aus diesen Quellen geschöpft; wir wissen es nicht. Es ging ihm aber gar nicht um Erkenntnisse, auch nicht um die Erforschung jenes ›transzendentalen Ichs‹, von dem Novalis spricht. Sein Ziel war ein anderes; er wollte den Mut der großen, der allüberwindenden Liebe in den Herzen erwecken. Wenn also auch vor ihm schon viele nach seiner Art gedacht und gehandelt haben, so wurde doch er der himmlische Berater der Menschen; durch ihn wurde jene Liebe auf eine sehr sanfte, sehr freie Weise gesetzlich und durch seine Erscheinung, durch die Geschichte seines kurzen Lebens, er selbst unvergeßbar. Es ist schwer, ja es übersteigt jede vernünftige Zumutung, daß man seine Feinde lieben solle; Jesus aber war der einzige, der sagen durfte: ›Tut es um meinetwillen!‹ So konnte es manchem leichter gelingen. Immer noch lernen Dichter aus dem Buche, worin geschrieben steht, was er gesagt, getan und gelitten, und

wenn wir ihn zu umgehen versuchen, um aus eigenstem, freiestem Denken heraus das Rätsel der Seele zu durchdringen, so ertappen wir uns doch immer wieder einmal unversehens auf einer Entlehnung seiner Bilder und seiner Aussprüche.
Es gibt sehr wenige Schriftsteller unseres Zeitalters, deren Werk nicht weit umfangreicher wäre als der Band, der die vier Evangelien enthält; aber wie sähe ohne dieses Büchlein unser Abendland aus? Auch die stärkste Vorstellungskraft müßte vor dieser Frage versagen; es gäbe jedenfalls keine Divina Commedia, keinen Parzival, keinen Faust, keine Passionsmusik, keine Missa solemnis, keine Pietà des Michelangelo, keine Sistina, kein Abendmahl des Leonardo, keinen Isenheimer Altar, keinen gotischen Dom, kein geistvertieftes Auferstehungsfest. Und das Schrifttum der antiken Welt, an dem sich unsere Jugend wie unser Alter bildet und verschönt, wer hat es durch die Jahrhunderte herübergerettet? Der Engel des Abendlandes ging in die Zellen unbekannter Mönche und riet ihnen, Homer und Sophokles auf Pergament zu schreiben, und sie taten es mit Sorgfalt, ohne deshalb an der neuen frohen Botschaft irre zu werden. Die immer anwendbaren Gleichnisse Jesu, seine Schau in Lebensgründe, die klare Scheidung seines unsichtbaren Reiches von den Reichen dieser Welt, seine Mahnungen und Tröstungen, sein trauervolles Zürnen, die Sinnbildlichkeit seiner Handlungen und seines Endes, vor allem aber der Ton, in dem der arme waffenlose Wanderlehrer sprach, dieser Ton eines rechtmäßigen Königs von des Weltgeists geheimnisvollen Gnaden, dies alles wendet sich machtvoll an die Gemüter: man kann zu Kindern davon reden, als wärs ein Märchen; zugleich klingt es so überirdisch entschieden, daß gerade die radikalen, die unerbittlichen Geister, auch die nicht christlichen, sich verwandtschaftlich angezogen fühlen. ›Wie Morgenluft sind nämlich die Namen seit Christus‹ – lesen wir bei Hölderlin.
Mir war nach und nach die düstere Höhle beklemmend geworden; das ganze Wesen strebte hinauf in Tag und Bewährung. Höflichkeit gegen den irischen Mönch, der nun, bei meiner Rückkehr in die Sakristei, zur Führung bereit war,

bestimmte mich noch zu einem raschen Rundgang durch die obere Kirche. Diese gibt eine getreue Vorstellung von Bauart und Einrichtung altchristlicher Basiliken, und um diesen seltenen Eindruck nicht zu stören, verbot ich mir den Anblick aller schönen Bildwerke, die Zutaten späterer Zeiten sind.

Einiges hat man von unten heraufgeholt, so die wohlerhaltenen Chorschranken und mit ihnen die schöne leicht erhobene Bühne, auf der die Heilige Schrift verlesen wurde; sie besteht aus zwei gleichen Teilen, die man Ambonen nennt. Vom vierten Jahrhundert an war dies auch die Stätte der Predigt, die früher der Bischof von seinem in der Apsis errichteten Stuhl, der cathedra, aus gehalten hatte. Auf einer kleinen Treppe, die zur Bühne hinanführte, stand der Sänger, der zwischen Epistel und Evangelium das Graduale vortrug, den ›Stufengesang‹. In späteren Jahrhunderten, als die Gotteshäuser immer größer wurden, gaben die Ambonen ihre Verbindung mit den Chorschranken auf, traten zusammen und erhöhten sich zur selbständigen Kanzel.

Ich eilte zur Straßenbahn und fuhr auf den Monte Gianicolo, um in der Casa di Goethe den Professor Gabetti zu begrüßen, den Direktor des Instituts, von dem die Einladung ausgegangen war, und den Vortragssaal kennenzulernen, in dem ich am Abend lesen sollte. Man überliefert, auf diesem Hügel sei der heilige Petrus gekreuzigt worden; heute ist er von einem der schönsten Parke Roms gekrönt, der jene neu eingerichtete, dem Studium germanischer Sprachen gewidmete Anstalt umgibt. Steineichen und Palmen stehen zwischen Zedern und Pinien; darunter, wie Rosenverwandte, leuchteten weiße und rote Kamelienblüten. Auch der lange Lorbeer-Bogengang ließ kein Wintergefühl aufkommen. Die vielen Pfauen, die rings um das Gebäude wohnen, erinnerten mich an Schilderungen gewisser Hindutempel, in deren Nähe ganze Gesellschaften dieser Glanzvögel leben, durch reichliches Futter aus dem Dschungel herangewöhnt und von den Priestern als heilige Tiere gepflegt. Sie schienen es zu wissen, wie sehr sie den Park der Casa di Goethe verherrlichen; ihres Rechtes gewiß, lagerten sie dicht an den Wegen im besonnten Gras; manche ruhten hoch auf Zedernästen, und ihr winterlich unvollkommenes Federkleid ließ noch immer genug vom Lichte des asiatischen Südens ahnen. Königlich vor allem war ein weißer mit silbern spiegelnden Augen im Schweifgefieder; auf seinem Kopf wuchsen dünn gestielte Federchen wie ein Büschel roter Blumen.

Gabetti führte mich in den Vortragsraum, der die Maße eines großen Zimmers wenig überschreitet. Bald kamen auch seine Mitarbeiter, Professor Bonaventura Tecchi, ein kräftiger, sehr ernster Mann mit schönen, sinnenden Augen, aber bleich, von einem schweren Krankenlager noch nicht ganz erholt, und Professor Carlo Antoni, auch er in der Abwehr gegen die Nachwirkungen einer Grippe, die sogar seine Sehkraft bedrohten. In mir erregten alle drei den Wunsch, ihrer Sprache so mächtig zu werden, wie sie der meinigen sind. Und hier war auch das einfache niedrige Lesepult, an welchem Mussolini in deutscher Ansprache das Institut als Casa di Goethe seiner Bestimmung überantwortet hat.

Wir besuchten die Büchersäle. Es gibt in alter und neuer germanischer Welt kein Schriftwerk von Rang, das hier nicht zu finden wäre. Die Reihen geordneter Bände erinnerten an das Pfeifenwerk einer Orgel. Ich blieb stehen, um die Titel zu entziffern, da fragte Gabetti nach Professor Kippenberg, wie es ihm ginge und ob er nicht bald käme, das Institut zu besuchen. Zugleich fiel mein Blick auf das altbekannte Schiffchen, das Erkennungszeichen des Insel-Verlags, und nun grüßte mich ein hoher Schrank voller Bücher, die sämtlich jenes fahrtfrohe Wappen trugen. Der Direktor nahm da und dort einen Band heraus, er schien meine Freude darüber zu teilen, daß hier, mitten in Rom, den Nachwehen des Krieges zum Trotz, eine Leistung deutscher Gegenwart sich manifestieren konnte, auf welcher auch aller Segen der Vergangenheit ruht. Wir erbauten uns an Schönheit und stolzer Schlichtheit der Ausgaben und wünschten uns herzlich den Mann herbei, der seit vielen Jahren den Menschen das geistige Gut aller Zeiten und Völker in so edlen Gefäßen überreicht.

Auch im letzten Saal, der die neuesten Bücher unserer lebenden Dichter verwahrt, ließ mich Gabetti in diesem und jenem Bändchen blättern. Wieder erfuhr ich dabei, daß deutsche Gedichte, die mir seit langem vertraut sind, meinem inneren Gehör wundersam neuartig tönen, sobald sie mir in fremdem Sprachbereich unverhofft begegnen, auch daß man hier für echt und unecht empfindlicher ist als zu Hause. In Gabetti scheint sich übrigens ebenfalls ein reizbares Organ für unser geliebtes Deutsch entwickelt zu haben. Man würde das nicht ohne weiteres voraussetzen, wenn man zum ersten Male der gemütlich jovialen Erscheinung des lebensfrohen Mannes ansichtig wird, der so gelassen spricht und dabei als echter Italiener seine schwarze beulige Toscano bis zum bittersten Ende raucht. Ihn haben aber seine Studien nur mit den besten Erzeugnissen unseres Schrifttums bekanntgemacht; nie brauchte er sich mit hohlen, trüben Mittelmäßigkeiten abzugeben. So durfte er sein unverdorbenes Ohr verwöhnen, und fühlt sich nun durch unreine Töne, die manchen unserer Landsleute leider durchaus nicht stören, sogleich verletzt.
Es gehört zu den Vertragsklauseln des Instituts, daß es die Reisekosten der eingeladenen Autoren übernimmt, und nun schien man sich dort zu wundern, daß ich die schlichte kleine Pension einem großen bequemen Hotel vorzog. Was mich dazu veranlaßte, wußte ich selbst nur halb und halb. Fünf Jahre früher waren mir in diesem Zimmer ein paar fröhliche Einfälle gekommen, die dann in Freunden und Lesern weiterlebten; in einen solchen Raum kehrt man immer gern zurück, man hofft wohl auch, die gute Stimmung werde sich wiederholen. Die Wohnung hat aber an sich ihre Vorteile: die frische Pincioluft, die Nähe der Villen Borghese und Malta, den Blick zur Peterskuppel und die freundliche Sorgfalt der Wirtin.
Das Essen wurde mir in die Stube gebracht, deren Wände mit Schweizer Erinnerungen so reichlich überschmückt waren, daß man wohl vergessen konnte, in welchem Lande man sich befand, wäre nicht Renata gewesen, die junge Dienerin, in der sich italienisches Wesen so fein und fest verkörperte. Sie war fast noch ein Kind; aber manchmal huschten schon

sibyllinische Schatten über ihr Gesicht, und in den schwarzen Augen war ein Feuer, das den Erfahrenen sorglich stimmte, als dürfte es nicht lange dauern. Frau Schmid, die trotz dem Werktag ein graublauseidenes, mit goldenem Zweig verziertes Kleid anhatte, erzählte manches von ihrer Gehilfin. Fast nie gibt sie ihr zu einem Tadel Anlaß; geschieht es aber einmal, so nimmt sie ihn zunächst schweigend hin, zeigt auch keine Verstimmung. Am Abend jedoch, nach beendeter Arbeit, setzt sie sich in ihr Kämmerchen, zündet ein Wachsstöckchen an, malt mit großen Buchstaben die Anrede Signora! auf einen Briefbogen und legt nun in kurzen, mit Humor gewürzten Sätzen ihre Rechtfertigung nieder, die sie am andern Morgen der Herrin überreicht.
Unvermittelt stellte mir auch Frau Schmid die Frage, mit der einen damals fast niemand verschonte: »Wie denken Sie über die Lage? Wird Hitler Krieg anfangen?« Als ich sie schweigend ansah, verstärkte sie ihre Worte, indem sie sagte, sie kenne Herren von der hohen Diplomatie, die daran glaubten. Es genügte ihr nicht, als ich mein oft geäußertes Bekenntnis wiederholte, ein Volk wie das deutsche werde auf rein organischem Wege, durch seine Tüchtigkeit und seine geduldige, geschmeidige Kraft an die Stelle rücken, die ihm in der Welt gebühre, es brauche keinen Krieg. Sie hatte ganz ihr Nornengesicht, als sie lächelnd erwiderte: »Bei mir brauchen Sie sich nicht so vorsichtig auszudrücken, ich bin schweigsam.« Nun aber kündigte Renata einen neuen Pensionsgast an; die Herrin ging, und die Unterhaltung wurde vertagt.
Den Weg zur Vorlesung trat ich sehr zeitig an, und als ich auf einem Anschlag Teatro dei pupi las, konnte ich noch für eine halbe Stunde hineingehen. Es war ein sizilianisches Marionettentheater, das in Rom Gastspiele gab. Als Zuschauer hatten sich lauter junge Leute eingefunden, die den Raum mit Zigarettenqualm erfüllten, obgleich an allen Wänden Vietato fumare stand. Nach mir kam eine Mutter mit vielen Kindern, entblößte die Brust und begann das jüngste zu stillen. Die Marionetten spielten verschiedene kleine Sachen, zuerst ein Ritterstück mit erschrecklichem Schwerterschla-

gen um einer Dame willen, die gefesselt beiseite stand und schließlich, nachdem der Kopf ihres Bedrängers über die Bühne gerollt war, von dem angebeteten Sieger befreit wurde. Der Zweikampf sah ganz nach Stegreif aus, das Auge vermochte die einzelnen Hiebe kaum zu unterscheiden; dennoch merkte man, wie sorgfältig dies alles eingeübt war.
Unklar blieb mir der Ausgang einer Szene, worin die lustige Figur auftritt, von der unser Kasperl herstammt, nur daß sie weniger gemütlich und weniger trunksüchtig ist, ein Kerl, der sich vor nichts, rein vor gar nichts fürchtet, weder vor Hexen, noch Riesen, noch Krokodilen, Teufeln und Gerippen, ja nicht einmal vor dem kleinen Korsen mit dem berühmten Zweispitz. »Io sono il Napoleone!« zürnt ihn dieser drohend an, und ein andermal: »Io sono il Bondeparte!«. Aber der Larifari zittert nicht. Immerhin erweist er dem grande imperatore eine gewisse Hochachtung, indem er nicht, nach seiner sonstigen Gewohnheit, mit der Pritsche auf ihn losdrischt, sondern nur durch trotziges Reden und zur Schau getragene Kampfbereitschaft ihn zu schweigendem Abzug bewegt.
Meine Zeit erlaubte mir noch, ›la risurrezione di Christo‹ zu sehen. Unter herzzerreißendem Jammern um den begrabenen Meister wandeln Petrus und Johannes abseits von der Bergstadt Jerusalem zwischen Agaven und Palmen: »Senza pastore! Senza maestro! Giovanni! Pietro!« schluchzen sie sich zu, die hölzernen Händchen ringend, und noch hinter der Szene weinen sie laut. Schon aber triumphiert im Vordergrunde das Wunder: mittels einer Maschinerie, die vernehmlich knirscht, steigt Jesus mit der Siegesfahne aus der Gruft empor, mit Klatschen und rasendem Bravo belobt von großem und kleinem Publikum. Während er sich langsam wieder versenken läßt, stürmt schon ein feurig schillerndes Ballett mit Kastagnettengeklapper auf die Bühne herein. Ich durfte es nicht zu Ende bestaunen; die Uhr befahl den Aufbruch, und draußen stand schon das frühe Nachtblau über der Ewigen Stadt.
Die Droschken, die sonst überall nach Fahrgästen Ausschau halten, waren auf einmal unsichtbar geworden. Ein Auto

wurde mir von zwei plötzlich auftauchenden Männern weggeschnappt; dann überholte mich ein schöner, mit festlichen Menschen besetzter Privatwagen, der dem Ponte Garibaldi zurollte; möglicherweise hatten wir das gleiche Ziel. Auch die Straßenbahn blieb aus, und jetzt begann der Uhrzeiger zu rennen, die Entfernung sich zu vergrößern, ich spürte Gabettis Befremdung. Nicht einmal die sonst so tröstliche Erinnerung an den Soldaten mit dem Feuerzeug in Andersens Märchen vermochte mich nun zu beruhigen, der eine Königstochter verführt hat und dafür öffentlich gehängt werden soll: er sieht durch das Kerkerfensterchen einen Schusterbuben, der sich außer Atem läuft, um die Hinrichtung nicht zu versäumen, und ruft ihm zu: »Laß dir Zeit! Bevor ich dort bin, kanns nicht losgehen!« Endlich, peitschenknallend, kam dennoch ein Vetturino des Wegs, der mich dann so rasch an das Gittertor des Pfauengartens brachte, daß es erlaubt war, noch etliche Minuten lang auf einer Steinbank im Schatten alter Bäume zu sitzen.
An mir vorüber, ohne mich zu sehen, gingen die Gäste, die nach dem Eingang strebten, um meine Vorlesung zu hören. Auch ein Zug junger Theologen war dabei, an ihren langen roten Mänteln als Deutsche kenntlich. Ein goldener Zweig blinkte zwischen den Pelzbesätzen eines Mantels; das war meine Wirtin, sie ging zwischen zwei anderen Frauen. Ein Mädchen in Schwesterntracht schob einen Krankenwagen über den Kies; ein alter Herr saß darin, vermutlich gelähmt. Hoch im Zederngeäst schrie noch zuweilen ein Pfau. Der Mond war aufgegangen, er leuchtete durch windbewegtes Palmengefieder in manches Gesicht; ein gewisser Eindruck entstand, welche Art Hörerschaft mich erwarten würde, und unwillkürlich begann ich mein Programm zu ändern, mir eine ernstere, gewichtigere Vortragsfolge auszudenken. Bei dieser Absicht blieb ich auch, als eine müde Frauenstimme bedauernd sagte: »Seine Gedichte sollen aber gar nicht leicht verständlich sein«, worauf ein junges Mädchen in Kölner Mundart begütigte: »Da müssen wir uns halt recht weit nach vorne setzen.«

Die Frage nach der Berechtigung öffentlicher Vorlesungen wurde in Deutschland nicht mehr erörtert, seit eine Art staatlicher Einrichtung aus ihnen geworden war. Außerdem boten sie dem Autor von einer gewissen Zeit an die einzige Möglichkeit, noch dann und wann ein anderes Land zu sehen. Alle Wissenden stimmen aber darin überein, daß es auch hier auf das Wie ankommt, auf die Form, auf den Ton. Wir bemühen uns nicht mehr um Wirkungen, wie sie Charles Dickens erreichte, der erste große Vorleser eigener Werke, dem in Amerika wie in England solche Massen zuströmten, daß jeder Saal zu klein wurde. Der geheime Geist unseres Zeitalters berät uns anders. Je freier von unmittelbaren irdisch-nützlichen Zwecken unsere Darbietungen sind, je mehr sie sich dem Wesen der Musik nähern, um so kleiner zwar wird unser Publikum bleiben; um so eher aber dürfen wir hoffen, daß jene zehn oder zwanzig Hörer darunter sein werden, die uns das überfüllteste Auditorium nicht ersetzen kann.
Wenn der Tondichter seine Schöpfungen öffentlich zur Aufführung bringt, so findet das jeder in der Ordnung; sogar der einsam stolze, seiner Sendung stets bewußte Beethoven spielte seine Werke im Konzertsaal. In der Musik sind eben Stoff und Begriff gelöst und überwunden: wo immer ein lauschendes Ohr im Weltraum wacht, da kann sie aufgenommen werden. Überall vermag sie Erinnerung an eine unschuldige Welt zu wecken, in der alle Menschen Heimatrecht haben, und dieses empfangende Gehör fragt nicht nach dem Künstler, dem irdischen Medium, dem es die himmlischen Harmonien verdankt. Zwischen ihm und der Versammlung seiner Hörer steht überdies als wunderbar Vermittelndes, Geleitendes und geisterhaft Absonderndes das Instrument. In durchaus anderer Lage befindet sich der Dichter, besonders der lyrische, wenn er persönlich vor die Menschen tritt, um ihnen seine eigensten Gesichte und Bekenntnisse anzuvertrauen. Vor allem: er ist auf die Sprache seines Volkes beschränkt; außerhalb der Landesgrenzen versteht ihn meistens niemand. Aber auch im Bereich der Muttersprache wird es ihm selten gelingen, den Stoff so von sich

wegzuverwandeln und dem Vortrag so gesanghaft vollen Lebensklang zu verleihen, daß man ihn selbst darüber vergißt. Wen darf es da verwundern, daß eine Scheu ihn hindert, sich auszusetzen, sein innerstes Fühlen und Schauen fremden Gästen preiszugeben? In ›Dichtung und Wahrheit‹ aber lesen wir, Schreiben sei ›ein trauriges Surrogat der Rede‹, und der dies äußerte, war nach seinem eigenen Bericht ›wegen eines glücklichen, freien, bedeutenden Vorlesens berühmt‹. Er las vor Freunden, er las bei Hofe, und gewiß fehlte es ihm da nicht an dankbar ergriffenen Zuhörern. Wer jedoch den Ernst, die Aufgeschlossenheit, die geistige Sehnsucht junger und älterer Menschen von heute kennt, die, oftmals von furchtbaren Schicksalen zerrüttet, Gefahr laufen, sich im Garn falscher Lehren zu verfangen, der wird nicht bezweifeln, daß der Dichter der Achilleis, der Iphigenie, der Harzreise im Winter, wenn er aus der Totenwelt zurückkehrte, leicht eine höchst würdige Hörerschaft fände, ja daß er in mancher erstarrten Natur Schwingungen auszulösen vermöchte, die sogar der Musik versagt sind, die ja nicht *alle* Geistes- und Seelenkräfte in Bewegung bringen kann, manche sogar eher einlullt. So wollen auch wir Nachgeborene uns ermutigen, den Freunden, die sich eines Abends freiwillig bei uns versammeln, ein Zeugnis unserer reifen Jahre zu widmen!

Ein Spaziergänger, der vor sich hinsingt, wird uns nicht unheimlich; wir fühlen, er ist mit sich und der Welt im Einklang. Begegnet uns jedoch auf offener Straße ein Mensch, der mit sich selber *redet*, so vermuten wir in ihm eine geistige Störung. Wer diesen Unterschied zum ersten Mal feststellte, hat an ein tiefes Geheimnis menschlicher Natur gerührt.

Dem Sprecher eigener Dichtungen erwächst ein Vorteil, der nur ihm allein bewußt wird. Wie nämlich ein Zahn seine Schadhaftigkeit quälend verrät, sobald ihn heiße Flüssigkeit umspült, so wird uns eine schwache, ungenaue oder grüblerisch überspitzte Stelle peinlich fühlbar, wenn wir sie vor einem Kreise empfänglicher, urteilsfähiger Menschen laut lesen. Dabei erfahren wir auch, daß die Worte, auf die es uns ankommt, keineswegs an Wirkung gewinnen, wenn wir mit erhobener Stimme ihre Bedeutsamkeit anzeigen. In den denkenden Hörer dringen sie tiefer ein, wenn wir sie so hinsagen, als wäre nichts Besonderes an ihnen.

Keinem Schriftsteller, keinem Dichter fehlt es an Widersachern, und es kommt vor, daß sie eines Abends unter seinen Gästen sitzen, von vornherein gewillt, sein Gesprochenes abzulehnen. Wenn wir vernünftig sind, lassen wir uns durch solche feindliche Gegenwart nur zu doppelt guter Leistung anspornen. Sind unsere Gegner freie Menschen und nicht etwa nur Werkzeuge geheimer Auftraggeber, so können sie sich in treueste Freunde verwandeln.

Der Autor, der nach beendetem Vortrag das Pult verläßt, sieht sich oft von Menschen umdrängt; sie haben Bücher mitgebracht und wünschen, daß er seinen Namen und womöglich einen Spruch eintrage. Mancher schlägt einen Band mit Versen auf und erbittet sich den Namenszug unter ein bestimmtes Gedicht. Aus Frankreich soll diese Sitte des Bücher-Signierens herübergekommen sein; sie wird als eine Art Austeilung empfunden und verbreitet sich in den Städten wie ein Kult. Es wäre so töricht wie unfreundlich, sich ihr zu widersetzen.

Eines meiner mitgebrachten Bücher war auf dem Pult liegengeblieben; ich wollte es beim Fortgehen zu mir nehmen, fand es aber nicht mehr, irgendein Gast mochte sichs angeeignet haben. Von solchen Entwendungen hört man jetzt öfters, und ich kenne keinen Verfasser, der dem Dieb gezürnt hätte.
Draußen, in der Nähe des Ankleideraumes, begrüßte mich ein nicht mehr junger Mann, nannte seinen deutschen Namen und bat um Angabe meiner Wohnung, indem er lächelnd bemerkte, er habe eine höchst erfreuliche Überraschung für mich bereit. »Wir wollen uns keinen Zudringlichkeiten aussetzen«, sagte er mit strengem Seitenblick nach einem jun-

gen Mädchen, das ein blaues Büchlein in der Hand hielt und vermutlich noch einen Eintrag wünschte; damit zog er mich aus dem Bereich des elektrischen Lichts in eine Ecke. ›Alter Knabe‹, kein Wort konnte ihn besser bezeichnen; er war bejahrt, bartlos, ohne ausgeprägt männliche Züge, eher klein und etwas gebückt, das eigentümlich unbelebte Gesicht stellenweise von einer leichten Flechte befallen. Die blaßgrauen Augen ließen einen Menschen erraten, der wenig schlief und manchmal weinte; das dünn gewordene, doch starre Haar stand eigensinnig auseinander. Er trug einen sehr abgewetzten Smoking mit zu kurzen Ärmeln und Schuhe, die zu einem so feierlich gemeinten Kleidungsstück nicht recht paßten. Ich verwies auf die Kürze meines römischen Aufenthalts und ersuchte ihn, mir das Wichtigste lieber schon jetzt mitzuteilen. Seine Miene verdunkelte sich; doch bewahrte er Haltung und eröffnete mit vertraulich gesenkter Stimme, sein Vater habe 67 Bände selbstverfaßter französischer Sonette hinterlassen und letztwillig verfügt, sie dürften nur in einem deutschen Verlag erscheinen. Von meinen Schriften kenne er zwar nichts, doch habe er beim heutigen Zuhören den Eindruck gewonnen, ich sei der rechte Mann, der die Herausgabe jenes außerordentlichen Gedichtwerks übernehmen und sicherlich auch eine passende Einleitung dazu schreiben könne, überdies wisse man, daß ich zum Insel-Verlag in guter Beziehung stünde. Die Honorarfrage werde auf die nobelste Weise geregelt werden, in dieser Hinsicht sei auch von seinen Geschwistern kein Einwand zu befürchten.

Schwerlich ermaß dieser Freund, welche Ungeheuerlichkeit er mir und gar dem Verlag zumutete. In wohlwollendem Ton brachte er sein Ansinnen vor; mir kamen Rudolf Alexander Schröders Verse vom Leben in den Sinn, ›das Gabe heuchelt, während es bestiehlt‹. Als ich erwiderte, meine Fähigkeiten lägen auf anderem Gebiet, mir fehle die tiefere Kenntnis der französischen Sprache und wohl auch die literarische Gewandtheit, da meinte er, Bescheidenheit sei eine schöne Sache, man müsse sie nur nicht übertreiben. »Es würde mir leid tun für Ihren Verleger, wenn ihm ein so wichtiges Objekt entginge«, sagte er mit ernstem Bedauern, als er meine Zurückhaltung merkte, und gab mir damit ein Stichwort; ich erklärte wahrheitsgemäß, alle Angebote dieser Art gingen wirklich in erster Linie den Verlag an, zog ein Kärtchen heraus, schrieb Straße und Hausnummer der Insel darauf und überreichte es ihm. Tiefsinnig betrachtete der sonderbare Mann das bekritzelte Papier; doch mittlerweile hatte sich das junge Mädchen mit dem blauen Büchlein genähert, und während ich ihren bescheidenen Wunsch erfüllte, kamen Ludwig Curtius und Gabetti, mit ihnen Kurt und Maria Vera Frieberger, Felix Braun und andere Freunde heran, um mich in die buca zu führen, ein altes, völlig schmuckloses Gewölbe, wo wir die Abendmahlzeit einnehmen wollten.

Am folgenden Morgen verließ ich die Wohnung sehr früh, um nicht von Besuchern festgehalten zu werden. Vom Himmel fielen Flocken; ein Hündchen stand mit zögernd erhobener Pfote an dem offenen Haustor: es fürchtete den Schnee, den unbekannten Stoff. Auf dem Wege zum Thermenmuseum brach ein Gestöber los, das an einem deutschen Januartag nicht ungewöhnlich wäre, in Rom aber nur als Ausnahme vorkommen mag; denn groß und klein geriet aus Rand und Band. Im weißen Sturm der flaumigen Kristalle wuchs ein wahrer Verbrüderungsrausch: nicht nur Kinder und junge Leute, sondern auch ergraute Damen und Herren, die sich augenscheinlich gar nicht kannten, bewarfen sich mit schnell geformten Bällen, und als ich in ein Postamt ging, um Briefe einschreiben zu lassen, da standen die Beamtinnen wie in Verzückung an den Fenstern und bewunderten das feuchte Gewirbel, so daß ich meine Absicht verschob.

Auf der Piazza Barberini bei dem schönen Brunnen, wo der Triton ins Muschelhorn bläst, gingen vor mir zwei junge deutsche Theologen in den langen roten Mänteln, mit denen sie den Saal der Casa di Goethe geschmückt hatten. In ihren Schultern war ein unterdrücktes Zucken; man spürte, wie gern auch sie sich am allgemeinen Schneegefecht beteiligt hätten, von dem die geistliche Würde sie zurückhielt. Ich beschloß, ihnen zu Hilfe zu kommen, und knetete zwei feste

Bälle. Grüßend ging ich ihnen voraus, drehte mich nach einer Weile um und warf jedem eine Kugel auf die Scharlachbrust. Sie hatten meinen Vorsatz erraten; der Bann war gebrochen, lachend bückten sie sich nach dem kostbaren Niederschlag, der unablässig wie Manna vom Himmel fiel, warfen einmal, schüchtern zielend, nach mir, nahmen sich dann aber gegenseitig aufs Korn und bedachten sich mit herzhaften Ladungen.
Im Thermen-Museum war ich der einzige Gast. Einen Anblick, der sicherlich selten ist, gewährte der Garten des großen Kreuzgangs; dicker Schnee lag auf den sieben steinernen Tierköpfen, die den Brunnen umgeben, Schnee auf der hohen Zypresse, die noch aus Michelangelos Zeitalter steht, Schnee auf kleinblütigen Rosen und lila Schwertlilien, Schnee auf der goldenen Ernte zweier Orangenbäume.
In den Sälen saßen die Aufseher und wärmten sich an ihren Kohlenbecken. Ein Alter, der den Raum der Aphrodite von Kyrene bewachte, empfahl die reizende des Hauptes beraubte Göttin mit einladender Handbewegung meiner besonderen Aufmerksamkeit: »Molto simpatica!« Mich aber mahnte die geheimnisvolle Weisung des Freundes; ich suchte den Kopf der schlafenden Erinys. Er befindet sich in dem nämlichen Zimmer wie jener archaische Altaraufsatz, der unter dem Namen ›Ludovisischer Thron‹ weltbekannt ist. An ihm konnte ich nicht vorübergehen, ohne die schöne neue Deutung zu beherzigen, die Ludwig Curtius der mittleren Relieftafel gegeben hat. Seine Auffassung unterscheidet sich sehr von der herkömmlichen, die in dem Vorgang die Geburt der Aphrodite aus dem Schaum des unendlichen Meeres erkennen will. Schon daß die Mädchen zu seiten der Hauptfigur über Kieselgrund abwärts schreiten, ist ihm ein Gegenbeweis; denn Aphrodite wird aus dem offenen Meer geboren. ›Dort kann man sich ihr‹, wie Curtius im zweiten Bande seiner ‚Antiken Kunst' ausführt, ›nicht auf kiesigem Strande von beiden Seiten nähern, um sie herauszuheben. Ferner wird nach griechischer Anschauung auch eine Göttin nicht im Gewand geboren. Schließlich fehlt jede Andeutung von Wasser oder von Meer, wofür schon die archaische

Kunst über unmißverständliche Symbole verfügt, so über den Delphin. Der Ort ist nicht das Meer, sondern ein sich öffnender Erdschlund, aus dem, wie zahlreiche Darstellungen lehren, eine Unterweltsgöttin, die auch den Namen Aphrodite führen kann, in anderen Fällen aber Kore oder Pandora heißt, auftaucht, um, nachdem sie den winterlichen Teil des Jahres in der Unterwelt verweilte, im Frühjahr die Erde wieder zu verjüngen. Daher ihr glücklich-sehnsüchtiger Blick dem wiedergewonnenen Licht entgegen. Die Mädchen, deren Arme sich hinter dem Rücken der Göttin kreuzen und die sie mit den Händen unter den Achselhöhlen hochheben, sind die Horen. Das Tuch, das sie halten, gehört nicht zum Gewand der Göttin, sondern ist das Laken, um die Wiedergeborene, die aus der Erdkühle aufsteigt, einzuhüllen.‹

Durch schneeumsäumte Fensterscheiben fiel ein mattes Licht auf den Marmorkopf herein, der einer schlafenden Erinnys zugeschrieben wird. Er gleicht nicht ganz den Abbildungen, die von ihm verbreitet sind. Wieder nahm ich mir vor, von überlieferten Bezeichnungen abzusehen; doch Namen haben ihre Magie, die sich nicht einfach von den Dingen wegblasen läßt. Von Aischylos und von den Forschern her sind uns Erinnyen als wütend vampirische Rachegeister bekannt, die schon durch ihre greuliche Erscheinung den Widerwillen und den Zorn Apollons erregen, so daß er sie aus seinem Tempel jagt, sie sogar mit einer silbernen Pfeilschlange von seinem goldenen Bogen bedroht.

Einer solchen Vorstellung entspricht nun diese Schlummernde nicht; eher möchte man sie selbst als apollinisch ansprechen. Zu der großen Ruhe des Antlitzes freilich steht das halbwirre, wie von einem verfolgenden Wind gelöste Haar, dessen Strähne bis zu den Brauen, ja bis zum Kinn hereinreichen, in wundersamem Gegensatz; aber natternhaft ist es nicht. Auch deutet nichts auf den todhauchenden Atem, vor dem sich im Eumenidendrama die Pythias entsetzt, und ebensowenig merken wir von dem argen, den Augen entträufelnden Gift. Fast könnte man die Schläferin für eine Entschlafene halten; dagegen aber spricht schon der lebensvoll versonnene Mund. Sie scheint eine Harmonie zu hören oder einen Auftrag zu erwägen, den sie nach dem Erwachen ausführen wird, und sogar wenn dieser sie zum Vollzug einer grausamen Bestrafung verpflichtete, so müßte er doch in der Richtung eines hohen, klaren Zieles liegen; der Geist, der sich ein solches Antlitz gebildet, steigt nicht zu niedrigen Zwecken herab.

Was für ein Blick aber träfe uns, wenn sie die Lider aufschlüge? Es könnte nur ein unverschleierter, stark leuchtender Augenstrahl sein, kein trüber Blutsaugerblick. Auch kein Wonne verheißender Liebesblick! Versuchen wir nur, uns dieses Haupt auf den verlockend nackten Leib jener Aphrodite von Kyrene zu denken, wie klänge das auseinander!

Trauer schwebt um Augen und Mund, die unbewußte Trauer des antiken Menschen, dem auferlegt war, den unerbittlichen Mächten des Daseins gerade ins Gesicht zu schauen. Das phantasiebegabteste Volk der Erde war ja zugleich das klarste, dem Diesseits verbundenste; ihm genügte die Wirklichkeit seiner irdischen Tage, um fromm, schön und groß zu sein. Innerhalb des kurzen Lebens muß der Grieche der homerischen Zeit sein Los und seine Verpflichtungen erfüllen; er darf sich nicht auf ein Jenseits vertrösten, auch nicht auf ein Wiedergeborenwerden. Die Himmlischen sind ihm nah, nehmen Anteil an ihm, lieben ihn wohl auch und freuen sich seiner opferwilligen Gesinnung, die sie gerne mit ihrem gnädigen Beistand belohnen; sie strafen ihn mitleidlos, wenn er sich überhebt und ihnen zu gleichen vermeint. Sie ehren das Andenken, das er hinterläßt, sein Bild, seinen Ruhm; die verstorbene Person aber lischt hinüber in das Nichts, ins graue Reich der wesenlosen Schatten, und in dieses folgt ihm kein Gott.

Als ich das Museum verließ, war aller Schnee von Pflanzen und Gebäuden fortgetaut, von der ausgelassenen Faschingsstimmung nichts verblieben. Freundlich ernst nahm die Dame im Postamt meine Briefe entgegen. Unter der Mittagssonne funkelte die nasse Stadt; Mantel und Rock wurden lästig. Fahnen, Kleider, Hüte und Blumen tupften Farben in die Straßenzüge; ein kleines Mädchen, mit schwarzem Schal umhangen, ein wenig an Kindheitsbilder der Eleonora Duse erinnernd, pries Veilchen an, mit feinem Stimmchen unermüdlich rufend: »Portano fortuna« – sie bringen Glück.

INTIMES ROM

Die breite zur Porta Pinciana hinanführende Via Vittorio Veneto ist links und rechts ihrer ganzen Länge nach mit vielen steinern umrahmten Blumenbeeten ausgestattet, in die zur Zeit Azaleen eingesetzt sind. Diese Verwandten unserer Alpenrose erreichen hier die Größe kleiner Bäume, und alle stehen in Blüte: die ganze Straße war heute voll von Duft und rubinrotem Licht.

Gegen Mittag überzog sich der Himmel ein wenig; ich ging in den Park der Villa Borghese, er war nicht übermäßig besucht. Die breiten Pinienkronen, die so freundlich ernst aussehen, wenn ein blauer Tag sie durchscheint, machen einen bewölkten Himmel ungemein düster. Im Parco dei bambini waren zwei Ponies vor ein bunt bemaltes Wägelchen gespannt, das drei kleine Bänke trug. Ein einziges Kind saß oben, ein kaum dreijähriges Mädchen, das wohl zum ersten Mal fahren durfte; denn die ganze Familie war versammelt: neben dem langsam sich bewegenden Wagen hergehend gab sie dem Liebling das Geleit wie zu einer großen Reise. Gerührt schwenkte der Großvater sein Taschentuch hinauf: »Addio, piccola signorina, addio! addio!«

Ich blieb in der Nähe des Casino delle rose, um Dr. Deichmann, den Archäologen, nicht zu verfehlen, der mir draußen in der Via Appia die Grabkapellen von San Sebastiano zeigen wollte. Im Rasen auf weißer Dolde läßt sich ein sehr großer Schmetterling nieder, die leicht abgerundeten Flügel samtgrau, ohne Spur von Schmuck. Ich habe nie einen solchen gesehen, und wie man bei festlichen Empfängen immer jenen Gast für etwas Besonderes hält, der weder Orden noch Abzeichen trägt, so darf man wohl auch in jenem grauen Falter eine ungewöhnliche Kostbarkeit vermuten. Der

Park belebt sich. Schwarz gekleidete Mädchen ziehen mit halblautem Gesang vorüber; sie tragen Hauben, die sie sich aus Magnolienblütenblättern zusammengesteckt haben. Ein Bübchen rennt mit langem blitzendem Messer auf seine Schwester los, die auch noch klein ist, jedoch den Wildling gelassen herankommen läßt; lachend entwindet sie ihm die Waffe und zeigt sie mir, da sie meine Besorgnis wahrgenommen hat. Die Klinge glänzt erstaunlich echt, ist aber nur stumpfes Holz, mit Silberbronze bestrichen. Die Kleine hat all den edlen Zauber, der von italienischen Kindern ausgehen kann; ein Siebengestirnchen von Sommersprossen, das auf der netten Stupsnase schimmert, macht sie noch reizender. Im Weitergehen lächelt sie zurück: »E male educato«, – er ist schlecht erzogen – sagt sie voll zärtlicher Überlegenheit von ihrem Brüderchen.

Ein schlanker Jüngling in dunklem Anzug, ohne Hut, hat am Blumenkiosk eine Lilie erstanden; voll entfaltete Blüten sitzen an dem langen starken Stiel. Während er sie wie eine Kerze vor sich herträgt, begegnen ihm gerade bei der Bank, auf der ich sitze, drei Damen, die er kennt, und es entspinnt sich eine Unterhaltung. Das Gespräch wird lebhaft; der junge Mann macht heftige Gesten mit der rechten Hand. Die linke aber vergißt nicht einen Augenblick, was sie der Lilie schuldig ist; sie regt sich nicht, und auch das Ellenbogengelenk verharrt in spitzem Winkel. Die drei Damen sehen gebieterisch und lustig aus. Ihre Kleidung scheint einen Modewechsel anzudeuten; eine trägt über der Stirn ein winziges Hütchen, wie für eine Puppe, die andere nur ein Krönlein aus künstlichen Blumen, die dritte eine Kappe wie zu Raffaels Zeit. Die Lippen sind gefärbt, die Augenbrauen wegrasiert und durch fein gezeichnete Striche ersetzt. Die Schuhe haben ganz hohe Absätze, vielleicht, um die Figur größer erscheinen zu lassen, und vorne an den Spitzen Fensterchen, durch die man die rot oder golden bemalten Nägel der Zehen sieht. Die Strümpfe bestehen aus durchsichtigstem Flor, so daß man die Beine für nackt halten kann, bis man die wilde Behaarung erkennt, die freilich plattgedrückt ist wie Kräuter in einem Herbarium.

Über die Straße rast radelnd ein bürgerlich aussehender vollbärtiger Mann, einen durchgeschwitzten Strohhut mit schwarzem Band auf dem Kopf; ihm nach vier junge Mädchen, alle auf gleichen Rädern, alle gleich gekleidet mit weißen Röckchen, roten Jäckchen, weißen Leinenhüten, alle tretend auf Leben und Tod, mit Sternensicherheit Zusammenstöße meidend: man denkt an einen Impresario, der mit seiner Truppe zum Zirkus eilt.
Durch alle Müßigen treibt sich ein einsamer Alter herum, starr zu Boden schauend, manchmal mit zugekniffenen Lidern einen Punkt ins Auge fassend und sich mühsam darnach bückend; er sammelt weggeworfene Zigarettenstümpfchen. Traurig und fleißig versieht er sein Geschäft, und wenn Leute beisammenstehen, so zögert er nicht, seine Beute auch zwischen den schönst beschuhten Füßen hervorzuholen. Er kennt seine Landsleute, weiß, daß sie keinen Unmut empfinden, ja eher beiseitetreten werden, um ihm seinen Zugriff zu erleichtern. Ich wollte ein Übriges tun und bot ihm eine ganze Zigarette an, merkte aber gleich, daß ich damit einen Fehler beging. Es war, wie wenn man einer sehr beschäftigten Ameise ein Holzstückchen hinhielte, um ihr beim Bauen behilflich zu sein; sie weiß damit nichts anzufangen, man verwirrt sie nur. Ungern erhob er seinen Blick vom Boden; ohne rechtes Verständnis sah er mich an, dankte schließlich verlegen, als ich ihm die Macedonia extra in die Tasche schob, und verließ eilig den Ort der Störung.
Ein Glück, daß mein Führer noch ausblieb; ich konnte ein wenig weiterschlendern und bekam dabei die Erwählte zu sehen, der die kostbare Lilie zugedacht war. Der Jüngling hatte sich noch nicht lange von den drei Damen verabschiedet, da kam ihm lächelnd ein wunderschönes Mädchen entgegen, in schlichtem Trauerkleid, mit leuchtender Stirn und zukunftfrohem Blick, ohne jede modische Entstellung, als einzigen Schmuck eine Gardenienblüte mit zwei grünen Blättern im schwarzen Haar. Gardenien sieht man jetzt in vielen Geschäften ausgestellt; es gibt kein weißeres Weiß in der Blumenwelt, sogar die Lilie ergraut daneben ein wenig.

Wodurch die junge Römerin so überaus anziehend war, läßt sich nicht mit Worten sagen; wir vermögen ja auch nicht auszudrücken, was uns, wenn wir aus dem Norden kommen, beim Anblick des ersten Ölbaums die Seele bewegt. Wir fühlen: hier ist Italien, das unverletzliche, dem alle göttlichen Genien beistehen.

In San Sebastiano gingen wir durch die Kirche, ohne uns aufzuhalten, in die Sakristei, wo ein Priester meinem Begleiter die Schlüssel einhändigte. Wir stiegen nach unten. Erster Zeuge des Altertums war ein steinernes Aschenkistchen in Form eines kleinen Hauses mit dem Bild eines Gladiators. Ein Mönch mit brennender Fackel kam hinter uns herab, um drei junge Leute in die Katakomben zu führen. Wir ließen die Gruppe an uns vorübergehen, und erst, als wir wieder allein waren, schloß mein Führer das Gitter zur größeren Grabzelle auf. Außen, unter dem Giebel, ist in Marmorbuchstaben der Name des einstigen Eigentümers zu lesen: Clodius Hermes, darunter eine Widmung, durch die er den Ruheort sich und den Seinigen zuspricht, auch seinen Freigelassenen. Zu beiden Seiten dieser Inschrift ist die Mauer mit Schlitzen versehen, durch welche Licht und Luft in die Grabkammern dringen. Innen, links vom Eingang, steht ein hoher, rechteckig behauener Block von grauem Stein, und diese einfachste Tischform spiegelt uns geisterhaft herüber, was einst gewesen: längst Verstorbene treten mit uns ein, stellen ein Öllämpchen hin und Wein und Speisen; wir spüren den Hauch einer neuen Liebe, die auch das Herrliche der Vorwelt noch nicht ausschließt.
Durch das Jahrhunderte währende Verschüttet- und Vergessensein ist alles erhalten geblieben, sogar die Bemalung. Von der Decke herunter schaut ein Medusenhaupt; es bezeugt uns den heidnischen Ursprung der Kapelle. An der Wand sehen wir Tauben und Pfauen abgebildet; alle diese Vögel werden als Seelenvögel gedeutet. Zwischen einem Papagei und einem Rebhuhn steht eine hohe Schale aus bläulichem Glas, durch welches die darin aufbewahrten Trauben und Äpfel schimmern. Der Maler hat dem Glas ein Glanzlicht

aufgesetzt und auch den Schatten nicht vergessen, den die Schale werfen muß.
Tief in die Wände der Kammer hinein reichen die flach überwölbten Behälter, in denen die Leichen beigesetzt wurden. Marmorplatten mit Inschriften oder Zeichen dienten zum Verschluß dieser Gräber. Auch die Nischen, die den Freigelassenen eingeräumt waren, sind völlig erhalten. Man bewahrte deren Asche in eingemauerten Tongefäßen auf, die wie Kochtöpfe mit runden Deckeln verschlossen wurden.
Wir sahen uns noch in anderen Grabzellen um und stiegen dann tiefer, bis uns das Grundwasser aufhielt. Auch hier sind Bestattungsräume, aber nicht mit so sorgfältiger Bemalung. Mein Erklärer fühlte sich an jene Kunstübung erinnert, die man einst ›klassischen Impressionismus‹ nannte: die Bilder haben keine Tiefe mehr, sie sind schließlich nur noch tapetenartig.
Zurückgekehrt bestaunten wir den vorher kaum bemerkten starken Aufbau, den jene oberen Grabkammern tragen. Hier haben sich wohl die Hinterbliebenen versammelt, um für die Heimgegangenen zu beten und, im Geiste mit ihnen vereint, die heiligen Mahlzeiten einzunehmen. Ein teilweise erhaltenes Fresko bestätigt uns diese Vermutung: viele Gäste sitzen mit andächtigen Mienen um einen Tisch. In der Krypta unter der Sebastianskirche finden wir allenthalben fromme Bitten an die Heiligen Petrus und Paulus in den Tuff geritzt. Man glaubt hierdurch die alte Meinung bestätigt zu finden, daß die Gebeine der beiden Apostel während der Valerianischen Christenverfolgung hier verwahrt worden sind.
Eine lange Reihe junger Nonnen zog mit freudigem hellem Gesang über das Gräbergelände zur Via Appia, als wir San Sebastiano verlassen hatten und bei der Callistuskatakombe vorüberkamen. Wir warteten auf den Kraftwagen, der uns nach Rom zurückbringen sollte, hatten aber noch zwei Stunden vor uns und gingen auf und ab. Nach der unterirdischen Kälte war die Schwüle wohltätig. Unter dem silbrig beschuppten Himmel kreuzten sich Schwalbenheere. In einer Gartenwiese blühte wilder Mohn in dichten Büschen; er hat hier ein dunkleres Rot als im Norden. Auch die Hornissen

unterscheiden sich von den unsrigen. Es fehlt ihnen die sorgfältige Zeichnung mit gelben und schwarzen Ringen, das Insekt ist überwiegend schwarz mit ein paar gelben Tupfen. Eine Trattoria mit großem Garten, in dem viele Tische stehen, trägt die Aufschrift: Qui non si muore – hier stirbt man nicht. Da Vergnügungsfahrten wegen des Krieges untersagt sind, waren wenig Gäste zugegen. Im Schatten des Weinlaubs, das eben vom hellen zum dunkleren Grün übergeht, besetzten wir ein Tischchen, ließen uns Brot und eine Flasche Frascati geben und bestellten ein Mittagsmahl. »Cento giorni come questo!« – Hundert Tage wie dieser! – sagte mein Begleiter beim Anstoßen; das ist ein alter italienischer Trinkspruch. Bald kamen die Spaghetti, nicht mehr so weiß wie in Friedenstagen, doch immer noch schmackhaft genug und mit einer würzigen Tomatentunke durchsetzt. Des gebratenen Huhnes aber, das ein wenig später folgte, sollten wir uns nicht mit ungetrübter Lust erfreuen. Schon auf der Straße waren wir in einen Schwarm kleiner hellbrauner Käfer hineingeraten, die wohl ihren Hochzeitsflug feierten, hatten einige betrachtet und sie sehr nett, unsern Sonnwendkäferchen ähnlich, gefunden, ohne uns weiter um sie zu kümmern. Jetzt aber wurden sie unversehens zur Plage, und wieder einmal fühlte man sich an die furchtbaren Gewaltmöglichkeiten der Masse erinnert. Sie verwühlen sich im Haar, befliegen einen Bissen in dem Augenblick, da man ihn zum Munde führen will, krabbeln unter Hemd und Kragen und fallen über die Speisen her. Das frische maisgelbe Brot hat es ihnen vor allem angetan; schlaraffisch graben sie sich ein und vergessen darüber ihr Ziel. Nach kurzer Pause kommen Geschwader, die für den Augenblick sogar das Tageslicht ein wenig stören; sie zwingen die Gäste zur Flucht. Froh, in dem kühlen Sälchen der Trattoria Unterkunft zu finden, schließen wir Tür und Fenster, entfernen die Käfer aus Wein und Gerichten, aus Kleidung und Haar, malen uns nun ungestört, in phantasiebeschwingter Unterhaltung, aus, was etwa geschähe, wenn die ungestümen Schwärme sich verzwanzigfachten und zwei Wochen lang eine Gegend heimsuchten. Der Frascati befeuerte die

Vorstellungskraft, und bald vermochten wir in einer an Fahrzeugen und Hilfskräften verarmten Welt eine Herkulanum- und Pompeji-Katastrophe für möglich zu halten, hervorgerufen nicht durch Aschen- und Bimssteinregen, sondern durch Insektenwanderungen.

Als wir draußen den Autobus erwarteten, hatte der Käferandrang bereits nachgelassen. Wir gingen wieder auf der Straße hin und her und blieben schließlich vor dem Grabmal der Caecilia Metella stehen. Wer Piranesis Zeichnung kennt, wird ewig die majestätisch düstere Vision des Meisters in die Wirklichkeit des Bauwerks hineinsehen. Von dem reizvollen, mit Pflanzenwuchs geschmückten Ruinenschutt, der es dort umlagert, gewahren wir nichts mehr; immerhin sprießen Stauden und Gräser in Fugen und Ritzen, und über dem alten Marmorfries, der mit einem Ornament von Stierschädeln und Blumen den Rundbau umwindet, gedeiht rotblühendes Löwenmaul. Caeciliae Q. Cretici F(iliae) Metellae Crassi, – sogar die Tafel, die diese Inschrift trägt, ist von einem schmalen Rahmen dunkelgrüner Kräuter bekränzt.
Wie viele Millionen Menschen mögen der längst Vergangenen einen Gruß gesandt haben. Wie viele werden es noch tun und dabei der eigenen Verstorbenen gedenken! Maeterlinck bemerkt einmal im Hinblick auf die alten Ägypter, nirgends habe das Leben herrlicher geblüht als in den Ländern, wo die Totenverehrung am meisten gepflegt worden sei. Noch weiter geht die nordische Seherin in der Völuspa; ihr gilt es als ein sicheres Zeichen für den bevorstehenden Untergang der Welt, wenn die Pflichten gegen die Toten vernachlässigt werden. Wir nennen die Entschlafenen, die wir verehrten und liebten, Vollendete und geben damit zu, daß wir nur durch unser bestes, wahrstes Denken und Handeln ihres ferneren Umgangs würdig werden können. Der Drang des trüben, süchtigen Lebens geht sie nichts mehr an; auch die Totenklage erreicht sie nicht. Darum fühlen wir uns beim Besuch der Gräber über unser Sterbliches hinausgetragen; darum auch weigert sich der Mensch, zu glauben, daß der

innige Gedankenstrahl, den er einer heimgegangenen Seele zusendet, sich im Leeren verlieren könne.

Auch die berühmten Dinge sind am schönsten, wenn sie uns ungesucht begegnen. Ich kam durch die sehr belebte Galleria Colonna, sah in die Buchhandlung Hoepli hinein und ging aufs Geratewohl weiter, als mir beim Seitenblick in eine Gasse etwas auffiel: es war wie versteinerter Faltenschwung von einem grauen Mantel an der Ecke eines gelbrötlichen Palazzos. Dem ging ich nach, vernahm ein Rauschen, das mächtig anschwoll, und erkannte nun, daß jener um die Ecke geschlagene Stoff Tuffstein war; zwei Schritte noch, und wie aus Alltagsgedanken eine Vision aufsteigt, so öffnete sich auf einem kleinen, bescheidenen Platz die hohe Wasser- und Felsenbühne der Fontana di Trevi. Ein unerschöpfliches Rinnen, Fließen, Strömen, Spritzen und Sprudeln hauchte Kühlung in den heißen Nachmittag.
Dichtgedrängt sitzen Römer und Römerinnen im Bogen der Steinbänke um den stolzesten ihrer Brunnen, aber nicht ihm zugewandt; plaudernd, rauchend, Obst genießend zeigen sie ihm den Rücken. Er gehört ihnen ja; sie brauchen ihn nicht immer anzustarren. Im Augenblick jedenfalls fesselt sie weit stärker das bunte Treiben auf dem engen Platz. Auch die Landleute, die mit erhitzten Gesichtern und staubigen Schuhen des Weges kommen, halten sich nicht lange mit Betrachtung auf; sie gehen mit wissenden Schritten rechts um den kleinen See herum zu einer Seitenwand, wo man bequem von einem Sonderbrünnlein trinken kann, stillen ihren Durst und eilen weiter.
Ein kleines Mädchen läßt sein noch viel kleineres, rosa gekleidetes Schwesterchen auf dem schmalen geschweiften Rand des tiefen Wasserbeckens gehen, immer dicht am Abgleiten hin; das Kind freut sich darüber und setzt seine Füßchen ganz geschickt. Voll Spannung sieht die Führende dem zarten Wesen ins Gesicht, späht nach Zeichen der Furcht und umarmt und küßt es mit Leidenschaft, wenn wieder eine gefährliche Stelle überwunden ist.
Aus Tuffstein bestehen auch die Figuren, die das große Wel-

lenfest beleben: der Meergott, der aus einer Palastnische tritt, die halbgöttlichen anderen Gestalten, die Rosse, die Delphine, auch Eichensprossen, Weintrauben und Wasserpflanzen. Dazwischen wächst wirkliches Gras und Moos, und über allem flattern unzählige Tauben, deren rollendes Gurren, dem Rauschen der Gewässer beigemischt, einen tiefen, beinah drohenden Ton erzeugt. Sie bewohnen alle Baulichkeiten des Platzes; auch oben in der Tiara des päpstlichen Wappens schlüpfen sie ein und aus.

TAG IN TERRACINA

Erwachend sah ich die Türe aufgehen; die Cameriera stand auf der Schwelle und lugte herein. Ich stellte mich schlafend; nun schlich sie ins Zimmer, zwei kleine Mädchen folgten auf Zehenspitzen. Eines ermahnte das andere mit dem Finger auf dem Mund zum Leisesein. Sie knieten alle drei nieder vor dem Schrank, worin meine Anzüge hingen; behutsam zog die Dienerin unten die breite Schublade heraus. Was die Kinder suchten, fanden sie bald: zwei Kleidchen, an deren jedem ein langes goldpapierenes Flügelpaar befestigt war, außerdem Gürtel, Strümpfe, Handschuhe und Kränze von kleinen Rosen, alles blendend weiß. Huschend verließen sie den Raum, um draußen die Verwandlung in Engel zu vollziehen.

So war mir der Feiertag zum Bewußtsein gekommen; ich stand auf, beeilte mich mit Waschung und Frühstück und stieg durch die Via San Francesco in die obere Stadt hinauf, in der ich aber nicht zu verweilen gedachte; mein Ziel war die Felsenhöhe des Vorgebirgs, über welches einstmals die alte Appische Straße gegangen ist. Eine Bäuerin, das Gesicht unter dem gelben Kopftuch fast verborgen, rastete auf einem steinernen Tier, das vor Jahrhunderten vielleicht einmal ein Löwe war. Sie sprach mit ihrem Esel, der aus vorgebundenem Säckchen fraß, wie mit einem Menschen. Der Esel, ein Feind von Kälte und Nässe, der in unserem feuchten, kühlen Deutschland oft so mißmutig vor sich hinschaut und sich

dadurch in den unverdienten Ruf der Dummheit bringt, er ist hier, unter der südlichen Sonne, ein anderes Tier; es fehlt ihm nicht mehr viel zu dem klugen, feurigen, schnellen Geschöpf, als das er in Persien und Arabien so hoch geschätzt wird wie das Pferd. Frauen und Mädchen gehen vorbei; sie tragen die vollen doppelhenkligen Amphoren auf den Köpfen, ohne sie mit der Hand festzuhalten. Welches Gleichgewicht muß eine solche Person in sich haben, und zwar scheint der Schwerpunkt zwischen den Hüften zu liegen! Wie muß sie ihre Erregungen bezähmen! Ein Mann könnte nie ein Gefäß so ruhevoll tragen, würde oft verschütten. Vielleicht aber sind es gerade diese Kopflasten, die im Lauf der Jahrhunderte die Weiber zu dem schönen Gang erzogen haben.
Als ich auf den Domplatz kam, begann er sich eben für die Prozession zu schmücken, und zwar auf zerstreut-genialische Weise, wie wenn etwa ein Maler bald oben, bald unten einen Klecks auf die Leinwand spritzte, mit beträchtlichen Pausen dazwischen; wir kennen ihn aber und wissen, daß am Ende doch ein Bild entstehen wird. Jemand lehnt zwei lange starke Palmzweige aufrecht neben eine Haustür, und damit hat es für eine Weile sein Bewenden; auf einmal aber, im ersten Stockwerk eines Gebäudes, öffnen sich sämtliche Fenster, und aus jedem wird ein blaues Tuch mit Christusantlitz herabgebreitet. Ein kriegerisch gekleidetes Bübchen läßt sich von einem andern die lange schwarze Schärpe um den Leib winden. Der Helfende geht, das Ende des gespannten Stoffes in den Händen, ganz weit von ihm weg, dann aber, straff wickelnd, in immer engerem Kreise um ihn herum, bis keine strengere Gürtung mehr möglich ist. An grauer Hauswand, neben den Palmzweigen, befestigen zwei Männer ein Gewebe; die obere Hälfte ist grün, die untere goldfarben, sie stellen einen weißgedeckten Tisch davor, ein Altar wird errichtet. Nun schien Ermüdung einzutreten, eine Minute lang ereignete sich nichts mehr. Ich trat, um einen Espresso zu trinken, in das nächste Café und nahm Platz an einem Tischchen, wo drei junge Leute saßen.
Erregt vom Weltgeschehen bemerkten sie mich kaum, und bald verstieg sich mein Nachbar zu Äußerungen, die eigent-

lich einer Berichtigung bedurften. Wohleingedenk aber, daß in Wortgefechten keiner den andern überzeugt, mußte ich mir überdies das Unzulängliche meiner italienischen Ausdrucksmittel eingestehen. Draußen klang ein voller heller Kindergesang vorbei; ich legte eine Münze auf den Tisch und rief den Kellner. Nun erst schienen die drei mich zu sehen; die Unterhaltung stockte, sie verständigten sich mit Blicken und kamen augenscheinlich schnell darüber ins reine, welchem Volk ich angehörte. Nun legte mir jener Leidenschaftliche die Hand auf den Arm und fragte zutraulich, ob ich Deutscher wäre. Dann hob er mit verheißendem Lächeln den Zeigefinger, als käme ihm ein vortrefflicher Einfall, zog ein Zeitungsblatt aus der Tasche und deutete auf eine groß gedruckte Sportnachricht, nach welcher ein Deutscher einen Engländer im Boxkampf besiegt habe. Dabei strahlte er vor Wohlwollen und schien sich nur zu wundern, daß mich dieses Ereignis nicht sonderlich aufregte; schließlich wollte er wissen, wie mir Terracina gefiele. Nun konnte ich antworten, ich sei schon vor 1914 in der Nähe gewesen, und suchte ihm, so gut meine Sprachkenntnis es zuließ, mein Staunen über die Metamorphose des ganzen großen Küstengebietes zum Ausdruck zu bringen, das einst unergiebig und ungesund gewesen, nun aber zu einer wahren terra nuova geworden sei. Ein stilles Licht ging in den Augen der Jünglinge auf, als ich so ihre Heimat rühmte; sie kargten denn auch ihrerseits nicht mit dem Lobe der meinigen, ich aber fühlte den Augenblick nahe, wo die Erschöpfung meines Vokabelvorrates keine Steigerung mehr erlauben würde, da wünschte ich den dreien Glück, stand auf, und wir schieden wie Gastfreunde.
Auf dem Platz war wieder gar manches geschehen; zu den zwei Palmzweigen hatte sich ein weißblühender Oleander gesellt, und eben gab ein grauer Palazzo seine langbewahrte Zurückhaltung auf, indem er aus drei geöffneten Mittelfenstern Ströme von gelben und weinroten Seiden ergoß. Aus dunkler Gasse schreiten weiße Mädchen auf den Platz herein, riesige rote Kreuze auf die Brust genäht; sie wissen vielleicht gar nicht, daß die Pflastersteine, über die sie gehen, laut eingemeißelten Inschriften aus altrömischer Zeit stam-

men, also ungefähr zweitausend Jahre alt sind. An langen um den Hals geschlungenen Bändern tragen sie Binsenkörbchen voller Blumen. Engel folgen ihnen, Engel mit farbigen, leider gelähmt aussehenden Fittichen; auch die zwei goldgeflügelten sind darunter, deren irdische Gestalten vor einer Stunde in mein Schlafzimmer eindrangen, kühl grüßen sie den Albergo-Gast. Zwischen ihnen aber geht ein anderer Engel, ein gelber, dessen silbernen Schwingen man sogar einige Flugkraft zutrauen möchte, fremdartig schön: schmale dunkle Augen schauen gebieterisch aus marmorhellem, ägyptisch geschnittenem Gesicht, ein Lächeln schwebt um die feingezeichneten Nasenflügel. Nun aber, wie Männer in der Schaubude auf hocherhobenen Händen die schlaftrunkene Riesenschlange schleppen, so tragen drei Chorknaben eine schwere lange Girlande von altem, dichtem Goldlaub aus dem Dom, und zieren mit ihr den weißen Tisch. Ein vierter geht mit silbernem Teller umher, auf dem zwischen Rosenknospen Münzen liegen, und bittet um eine Gabe. Ich frage: »Per che cosa?« Er weist mit vornehm zurückgebogener Hand auf den halbfertigen Altar und antwortet höflich zurechtweisend: »Per il Signore!«
In diesem Augenblick begann eine Art Probeschießen aus Böllern; die Domuhr aber mahnte mich, meinen Weg zur Höhe fortzusetzen. Ich sah noch mit Genugtuung, daß auch zur anderen Seite des Opfertisches zwei starke Palmzweige an die Hauswand gelehnt wurden, und überzeugt, es werde bald auch der Gegen-Oleander dazukommen, gab ich dem Trieb ins Freie nach. Eine steile Treppe führte mich in Minuten über die kleine Bergstadt hinaus; ich ging wieder, ohne um Auskunft zu fragen, einfach den Weg, der mir gefiel. Eigentlich war es ein edler, strenger Gewürzhauch, dem ich folgte; er lenkte zu blühenden Ölbäumen, den schönsten, die ich je gesehen. Oliven sind oft klumpfüßige, gichtisch verrenkte, beulig aufgeborstene Bäume mit lockeren Kronen; hier stehen sie starkstämmig und vollbelaubt. Halbreife Zitronen hängen an blühendem Gezweig; sie sehen aus, als wäre Gelb ihre ursprüngliche Farbe und nur mit grobem Pinsel ein dickes Grün darüber gestrichen. Ein Feigenbaum,

der weder Früchte noch Blüten trug, summte und brauste dennoch von unzähligen Hummeln und Bienen; dieses Wunder erklärte sich gleich. Alles Laub war nämlich nesterweise besiedelt von kräftigen hellgrünen Blattläusen; diese mußten einen süßen Saft absondern, der die geflügelten Gäste lockte. Zwischen Resten alten Gemäuers stieg die Straße bergan; manchmal ragte aus einem Ritz ein Eidechsenschwänzchen. Den Wegrand säumte großblühende Ackerwinde; die rötlichen Becher waren von feinen dunkelroten Kniffen in regelmäßige Felder geteilt. Ich sah ein Insekt, Fliege oder Schmetterling, dessen himmelblauen Stäbchenleib ein Orangering schmückt, während auf den stahlfarbenen Flügeln weiße Tupfen wie Schneeflöckchen schimmern.

Rechts, in ziemlicher Entfernung, erschien jetzt auf seinem Steinfelde der antike Tempel, den ich auch einmal besuchen wollte; niemand scheint genau zu wissen, ob er dem Jupiter oder der Venus geweiht war. Graugelbe Wolken hingen über ihm; es donnerte bald über dem Lande, bald über dem Meer. Die nördliche Ferne verschwebte im Dunst; das Kap, auf welchem, als es noch Insel war, die Zauberin Kirke geherrscht haben soll, war gerade noch unterscheidbar. Sie hat Menschen zu Tieren verhext, und noch nach Jahrtausenden spricht man davon; welch ein Ruhm wäre dem beschieden, der Tiere in Menschen verwandelt!

Immer steiler wurde die Straße; ganz oben erhob sich ein mächtiges neues Gebäude mit Kuppeltürmen. Bevor ich es erreichte, holte ich drei bäuerliche Frauen ein, die langsam emporstiegen, jede mit einem flachen, strohgeflochtenen Korb auf dem Kopf. Die linke trug Obst und junges Gemüse, die rechte Weißbrote, die in Form von großen Ringen gebacken waren; die mittlere hatte ihre Bürde in ein weißes Tuch eingeschlagen. Diese nahm vor dem kuppelgeschmückten Gebäude von den anderen Abschied und ging durch ein hohes Gittertor, hinter dem Grabmäler glänzten. Ich folgte ihr und fragte, ob dieser Friedhof noch zu Terracina gehöre. Sie bejahte, blieb stehen, wandte mir ein kräftiges braunes Gesicht zu und sah mich eine Weile sonderbar an, während ihr Tränen aus den Augen liefen. Schließlich deutete sie halb

zum Himmel, halb nach der Last, die sie auf dem Kopfe trug und sagte ruhig: »Un bambino morto.« Zum Beweise stellte sie den Korb auf eine Stufe und entfernte das Tuch; da lag im Hemdchen, eine blaue Mütze und ein hölzernes Eslein im Arm, das tote Kind. Ich sah nun erst, wie sehr ärmlich die Frau gekleidet war; sie hatte wohl, um die Kosten eines Begängnisses zu sparen, die kleine Leiche auf den Berg gebracht. Nun sofort weiterzugehen wollte mir unschicklich vorkommen; sie schien es auch in der Ordnung zu finden, daß ich, einem Leidtragenden gleich, mit ihr in die Halle ging, wo ein Mann sie erwartete. Er hielt eine rohes Holzkistchen, etwa von der Form eines Geigenkastens, bereit. Das Knäblein wurde samt Mütze und Spielzeug hineingehoben, das weiße Tuch zurückbehalten. Eine kleine Spende nahm das arme Weib ohne Ziererei. Die beiden gerieten in ein schnelles Gespräch, das ziemlich laut wurde, weil der Mann dabei den Deckel festnagelte. Langsam ging ich auf und ab; durch blanke Fenster blendete die Marmorverschwendung des Friedhofs herein, dahinter stieg aus blutrotem Geranienflor eine Reihe alter Zypressen. Immer gehört es zu den freundlichsten Grüßen südlicher Natur, wenn man wahrnimmt, wie dieser dunkle säulenhafte, dieser starr scheinende Baum dem leisesten Streicheln der Luft mit weichlebendigem grünem Wellenspiel entgegnet. Ich sah nach der Frau zurück; sie hob lächelnd ihre breite braune Hand, ich war entlassen.
Von der Bergstraße aus schlug ich einen Seitenpfad ein, der zum Tempel führen mußte, bedachte mich aber, daß es doch besser war, ans Meer zurückzukehren. Der gewittrige Himmel, den eben die Sonne durchbrach, wob um das einsame Gebäude und seine Felsenumgebung ein überirdisch anmutendes Licht. Glanz und Schatten verteilten sich so eigentümlich über Gipfel und Säulen, daß die ursprüngliche Schönheit wiederhergestellt schien. Das Dasein bringt Sekunden, wo in der Täuschung das Wahre keimt; der alte Tempel warnte selbst vor zu großer Nähe, indem er aus der Ferne die Beglückung spüren ließ, die er einst spenden durfte, als wirklich noch die Gottheit in ihm wohnte. Warum denn überfällt uns zuweilen Sehnsucht nach dem Anschauen der

entschieden schönen großen und strengen Form? Warum wollen wir ihr Nachbild ewig in der Seele tragen? Doch nur, damit wir unser Wesen zu ihm hinordnen können, damit uns das Leben einfacher werde. Wir entdecken ja dann, daß unser irdischer Wandel gar nicht so verwickelt und verknotet ist, wie uns ein leidenschaftbefangener Alltag vorspiegelt, und hoffen auf die Stunde höchsten Mutes, wo sich in uns selber ein Altar erbaut. Wenn ich den Bergweg weiterging, so wurde mir das Heiligtum zur Ruine; ich sah nur wieder, was anderswo schöner zu sehen gewesen: die zersprungene Schale, deren göttlicher Inhalt längst ausgelaufen ist, zeitzernagte Säulenreste, von Dohlen, Echsen und Vipern bewohnt, graue Stufen, von Unterweltlilien überblüht.
Im Gasthof eilte mir die sonst so förmliche Cameriera verweint und vertraulich entgegen, sagte, ein Unglück sei geschehen, Trofimena habe sich den Fuß gebrochen. Sie öffnete ein halbverdunkeltes Zimmer und kündigte mich als il dottore tedesco an. Auf dem Sofa lag einer der zwei Fronleichnams-Engel des Hauses, daneben, über einem Stuhl, sein Goldflügelkleidchen. Die Kleine war, im Vorsaal umhertanzend, über eine Schildkröte gestolpert, die sich unter dem Teppich verkrochen hatte. Das rechte Sprunggelenk war stark angeschwollen; doch ergab sich beim Abtasten nur eine Zerrung der Bänder, kein Bruch. Ich holte Tonerdepastillen aus dem Koffer, löste sie in Wasser, legte einen Verband an und gab dem Kinde obendrein ein schmerzstillendes Mittel. Die Cameriera, da sie den günstigen Befund vernahm, weinte noch mehr, kniete nieder und küßte Trofimena bald die Hände, bald den unverletzten Fuß. Im Speisesaal konnte mir nicht entgehen, daß mich auf die kleine Beratung hin das gastliche Haus zu seinen Freunden zählte. Auf meinem Ecktischchen stand ein Rosenstrauß, und die Padrona selbst brachte mir in einem laubverkleideten Korb die schönsten mit Eisstückchen überstreuten Fische, damit ich wählen konnte, welche ich gebraten haben wollte; auch sind noch nie so ausgesuchte Mispeln, Feigen, Kirschen und Nüsse auf dem Teller gelegen.
Am späten Nachmittag ging ich zum ersten Male eine kleine

Strecke Gaeta zu und kam an dem langen gelben Gebäude vorüber, wo einst Goethe übernachtet hat. Es gehörte damals der Post; heute dient es anderen Zwecken. Gegenüber, landeinwärts, tritt eine gewaltige Felsfront bis zur Straße heran; das Gestein sieht aus wie von rauchlosem Feuer gebräunt und gerötet, die einzelnen Schichten sind durch schnurgerade, mit Gesträuch und Blumen überfüllte Klüfte wie Stockwerke voneinander geschieden.

Terracina hat nur einen schmalen Sandstrand; er war fast leer, drei Schulmädchen hockten beisammen, plauderten und spielten. Als vierte näherte sich sehr zaghaft eine rotröckige Kleine und hatte guten Grund dazu; denn eine von den Dreien stand auf, ging ihr entgegen und versetzte ihr zwei kräftige Ohrfeigen. Dann kehrte sie gelassen zu den Gespielinnen zurück, und nun erkannte ich in ihr die Schöne wieder, die am Vormittag als gelber Engel mit silbernen Flügeln über den Domplatz gegangen war. Die Gezüchtigte hielt sich die Wange und eilte fort, aber gar nicht weit; von der feindlichen Gruppe unwiderstehlich angezogen kam sie nach einigen Umwegen wieder bei ihr an. Sie konnte einem leid tun mit ihrem anmutlos grauen Gesichtchen, das nicht einmal sauber gewaschen war. Die hübsche Grausame verriet mit keiner Miene die Reizbarkeit ihrer wilden Seele; ein Weilchen spielte sie noch weiter, dann ging sie ohne sonderliche Eile, mit ihrem Lächeln um die feinen Nasenflügel, abermals auf die verhaßte Häßliche zu. Diese unternahm einen matten Fluchtversuch, schrie auch einmal »Aiuto!«, wehrte sich aber nicht sehr, als sie nun die doppelte Zahl Schläge empfing. Weinend lief sie weiter; doch übermächtig lag der Bann auf ihr, und langsam, in großem Bogen, geriet sie wieder in den Bereich der Gefahr. Mißhandlung erleiden war ihr offenbar immer noch lieber als Davongejagtwerden. Seltsam war es, daß man dem bösen Engel nicht zürnen konnte; eine Art Rechtmäßigkeit schien ihm zur Seite zu stehen, als hätte er die lästige Pflicht, ein Urteil zu vollstrekken, einen Kreis zu verteidigen, der nichts Unebenbürtiges aufnehmen durfte. Jetzt aber mischte sich das Mitleid einer Gespielin ein; sie stellte sich vor die Bedrohte und rang sehr sanft mit der schönen Unerbittlichen, die schließlich doch von der Bedrängung abließ. Das Rotröckchen setzte sich in die Nähe der drei, wurde geduldet, aber nicht beachtet. Dieser Zustand genügte dem Kinde nicht; es grub lila Muschelschälchen aus dem Sand und warf sie nach der geliebten Feindin, sichtlich bereit, es auch auf acht Ohrfeigen ankommen zu lassen. In diesen Sekunden der gefährlichen Werbung sah die Kleine gar nicht mehr so reizlos aus, und wenn sie lächelte, so wars als zeigte ein mattfarbener Nachtschmetterling ein wenig die verborgenen goldroten Unterflügel; in zehn Jahren wird sie viel umworben sein. Jetzt aber fielen große Regentropfen, und dieses in Terracina seltene Ereignis beendete die Szene. »Brutto tempo!« schrien alle wie aus einem Munde und liefen in die Stadt.

Wenn man halbreifen Feigen ihre grüne Haut abzieht, so kommt ein blasses milchiges Rosa zum Vorschein; von solcher Farbe war heute die hohe See vor Sonnenuntergang. Gegen das Ufer her folgte eine bläulich bleiche, stark wellenschlagende Zone, aus welcher die Brandung hervorbrach. Eine Welle überschwang sich mit langer scharfer Spitze nach vorn und berührte wie eine Zunge ihre eigene Wurzel, ehe sie zerfiel. Kleine Vögel hüpften den vergehenden Schäumen entlang, die ihnen wohl allerlei für ihre Schnäbelchen zu hinterlassen pflegen. Fischer landeten; sie sagten, das Wasser sei draußen höchst unruhig, sie hätten wieder umkehren müssen. Einer deutete nordwärts; dort zog das Meer ein schwarzviolettes Gewitter zu sich nieder, ein gelber Flächenblitz beleuchtete das Kap der Kirke.

AUF DEM VESUV

›Ich will als Gast von Feuer zu Feuer wandern, bis mich der Schlaf übermannt.‹

Wann hörte man als Kind zum ersten Male das Wort Italien? Es war an einem Weihnachtsabend, als auf dem heimatlichen deutschen Marktplatz die Schneewehen wuchsen und die dunkle lichtervolle Tanne im Zimmer brannte, da stand auf dem kleineren Gabentisch zwischen Lebkuchen und Mandelstriezeln eine Schüssel voll brauner hartschaliger Früchte; das waren Edelkastanien oder Maronen, und sie stammten aus Italien. Zwar kamen auch Zitronen und Orangen aus jenem Wunderlande; aber die gab es auch zu anderen Jahreszeiten, fast galten sie als einheimisch. Dagegen erschien die Edelkastanie in unserem abseitigen Flecken nur einmal; es war, als käme sie aus einem tieferen Italien und könnte nur durch die Weihnacht zu uns gelangen. Nach meinen damaligen Begriffen lag das Land in kaum erreichbarer Ferne; ein steinalter Benefiziat war als junger Priester dort gewesen; er hatte den Segen des Papstes mitgebracht und stand seither im Rufe der Heiligkeit.

Einmal war unter dem Tannenbaum auch ein Stereoskop gelegen, und plastischer als jede Wirklichkeit erschien darin die Stadt Neapel mit dem flammengipfligen Vesuv. Nun wollte man immer wieder von Italien erzählen hören; aber den schweigsamen Vater bewegten andere Dinge, auch zog ihn der Norden stärker an als der Süden, und fast nie sprach er davon, daß noch sein Großvater in einem Lande gelebt hatte, wo es Edelkastanien gab, einen feuerspeienden Berg und einen Heiligen Vater.

Dergleichen Erinnerungen gingen mir durch den Sinn, während ich über den jungen Kastanienwäldern, die sich bis zur neueren Lava hinauf erstrecken, ganz nahe den grünlichbleichen Essenrauch wahrnahm, der sich schon in der Ferne so fremd von den Himmelswolken sondert. Er war jetzt am Rande voll Sonnenglanz; ins Innere aber züngelte von unten her das Feuer hinein. Ich mußte nun auch der Abschiedsworte des römischen Freundes gedenken, der sagte, er habe nie den Vesuv bestiegen und werde ihn auch nie besteigen, er fürchte sich vor dem Chaos. Dies hatte nur wie eine Redewendung geklungen; als ich aber weit unten in durchsichtigen Schleiern das freigelegte Pompeji sah, da begriff ich, daß es der große Archäologe war, der aus ihm sprach. Der geist- und liebevolle Kenner alter Säulen und Architrave, der hellsichtige Leser zerfallender Inschriften, der Erforscher und Bewohner bildgeschmückter Wohnungen, er kann unmöglich mit jenen formfeindlichen Kräften etwas zu tun haben wollen, die zur Zerstörung herrlichster Menschenwerke stündlich bereit sind.

Schon aber, wie halb abgetragene rauchgeschwärzte Ziegelmauern, standen mir die obersten Teile der Kraterwand entgegen, grellgelb gesprenkelt vom Niederschlag des Eisenchlorids, das die meisten Reisenden für Schwefel halten, – ein paar Schritte noch, und ich sah in den Infernokessel hinab, aus dessen Mitte sich der qualmende Tuffkegel erhebt. Ich nahm einen Führer, der eigentlich nicht nötig war; man unterscheidet ja leicht die erkalteten Laven von den heißen, die einem die Schuhe versengen. Solche Stellen verraten sich auch meistens durch den Rauch, und vielfach sieht man durch Ritzen und Sprünge das rotglühende Magma. Dem Kamin des Aschenturms entströmt unaufhörlich der dicke weißgelbe giftgasige Qualm, von Flammen durchflattert, und das geschieht mit einem Siedeton, der nicht sehr laut ist, aber stark auf Gehör und Seele wirkt. Die Tätigkeit war an jenem Tage zahm, gewissermaßen das Alltagsverhalten des Vulkans. Nun aber drückte heftiger Wind den Rauchdampf nieder; dieser durchwirbelte minutenlang wie ein saurer Nebel den ganzen Krater, so daß es das beste war, stehenzubleiben und mit dem Taschentuch vor dem Munde das Nachlassen des Luftdrucks abzuwarten.

Ältere Laven haben manchmal eine Oberfläche, die an Krokodilshaut erinnert; einige sind schwefelfarben gefleckt und geädert. Die frischeren breiten sich aus in Form von Wülsten, Lappen, Fladen und Schiffstauen. An einer Stelle glühten sie noch stark; hier stand ein alter Mann mit einem Eisenstab;

mit diesem nahm er einen Batzen aus dem zähflüssigen Brei, bat sich eine Kupfermünze aus und legte sie ein. Während ich die Höllenbühne langsam umwanderte, sollte der hellrote Schmelzfluß erkalten.

Es ging schon auf Mittag, als ich aus dem Krater zurückstieg; erst jetzt fiel mir auf, daß weit und breit nirgends ein Vogel, nirgends eine Pflanze zu sehen war. Dem archäologischen Feund wird es niemand verdenken, wenn ihm vor dieser Naturgewalt wie vor dem Chaos graut; immerhin erweist er ihr durch sein Fernbleiben mehr Ehrfurcht als die Besucher, die neugierig im Krater herumkrabbeln, von ihren alltäglichen Sorgen reden oder dem Führer vom Lohn etwas wegzuhandeln versuchen. Man kann den unendlichen Vorgang wohl überhaupt nur ganz rein empfinden, wenn man mit ihm allein ist; aber wie wäre dies untertags möglich? Meine Zeit ist leider um und die Kleidung zu leicht; es würde mich sonst keine Überwindung kosten, einsam eine Nacht hier zu verbringen. Käme nach ein paar Stunden die Morgenröte, so würde man sich vermutlich sagen, man habe Nächte durchwacht, in denen man dem Chaos weit näher war als auf diesem Vulkan, der eben in einem anderen Zeitmaß lebt als wir. Wenn ich an den wahnsinnigen jungen Mann in München zurückdenke, der mich rufen ließ und zuerst so überschwenglich dankbar war, daß er mir durchaus seine ganze Wohnungseinrichtung als Geschenk aufdrängen wollte, dann aber auf einmal Stimmen hörte, die ihm befahlen, den eisernen Hammer aus dem Schrank zu nehmen und mich auf der Stelle zu erschlagen, oder an das Flammengewoge des galizischen Dorfes, das ohne Not in Brand geschossen war, dann fühle ich, daß dort wirklich das grausig Sinnlose wütete; hier aber ist alles doch Zeugnis einer großen, tiefbegründeten Ordnung; das Phänomen erinnert an den Urzustand der Erde, es verbürgt uns deren unmittelbare Herkunft vom Sonnenball, und ist einmal der letzte Vulkan erloschen, so wird gewiß auch das Menschengeschlecht älter und müder geworden sein.

Ich näherte mich schon dem oberen Rande, da winkte von unten, laut rufend, der alte Mann, der Münzen in die Lavaklumpen legt. Ich hatte auch ihn vergessen; nun stieg ich hinab, während er mir, angestrengt atmend, entgegenkam. Der glühende Fluß war zu einem körnigen, schwarz glänzenden Stein geworden, der nun meinen Soldo umschließt. Zwei Lire forderte der Arme für das Andenken und fragte auch noch, ob es zuviel wäre. Sein Geschäft geht nicht gut; er beklagte sich, daß die meisten Besucher an ihm vorübergingen. Ich erzählte ihm von dem wundersamen Vulkan, den es in der Nähe des Asowschen Meeres geben soll, und meinte, dies wäre der rechte für ihn. Seine Ausbrüche sind zwar selten und seine Lava spärlich, aber mit gediegenem Golde durchsetzt. Während ich dies sagte, reute es mich schon; zum Glück verstand er mich gar nicht. Mit einem höflichen »Grazie mille« grüßte er und kehrte in die Tiefe zurück, durch die jetzt wieder der Druck des Windes die schwefelgelben Rauchschwaden trieb.

AUSFLUG NACH ISCHIA

Herbst 1942

In meinen letzten italienischen Tagen fiel mir wieder der alte Dichter ein, der mir geraten hatte, statt auf Capri doch lieber auf Ischia, dem Pithaecusa des Altertums, meinen Urlaub zu verbringen. Ich kannte keine der beiden Inseln, wollte ihn noch brieflich um Auskünfte bitten, da war er eben gestorben. Die römischen Freunde aber wußten von der vulkanischen Insel nicht viel mehr, als daß sie am Golfe von Neapel liegt und daß Berkeley sie eine gedrängte Zusammenfassung der ganzen Erde nennt. Auf jeden Fall wollte ich gleich nach dem Krieg die Reise unternehmen. Ein kluger Mann aber, den ich im Café Aragno kennengelernt, glaubte wahrsagen zu dürfen, das Ringen der Völker werde noch Jahre dauern, und als mir auch in der Villa Sciarra das nahe Eiland gerühmt wurde, als man sogar versicherte, schon ein Aufenthalt von einer Woche würde sich lohnen, da entschloß ich mich wenigstens zu einer Erkundungsfahrt.

Es fehlte nicht an Warnungen; man wollte von Explosionen

angeschwemmter Treibminen gehört haben; die Lebensmittel, besonders das Brot, sollten unzureichend und vor allem die Erlaubnis zur Einreise kaum erreichbar sein. Diese Schwierigkeit war die einzige, die ich ernst nahm; sie wurde bald behoben. Ich fuhr in die Via Tasso zur Kulturabteilung der Deutschen Botschaft; hier fand ich unvermutet einen längst befreundeten und geschätzten Mann, den jungen Gotthardt Maucksch, früheren Buchhändler, dem zu begegnen mir immer glückbedeutend gewesen. Dieser Hilfreiche führte mich zu Dr. Hofmann, dem Leiter des Amtes, einem Landsmann aus München; auch bei ihm sprach aus Mienen und Worten die wohlwollendste Bereitschaft. Maucksch war seiner Sache so sicher, daß er ohne weiteres an den Fernsprecher ging, einen Gasthof bei Casamicciola anrief, in welchem er selbst vor drei Jahren angenehm gewohnt hatte, und ein Zimmer für mich bestellte. Nun aber verlangsamte sich alles: die römische Quästur ließ mich Tag um Tag warten, und schon wollte ich die Sache endgültig aufgeben, da traf das unscheinbare Blättchen, das den Weg nach Süden freigab, doch noch ein. Freilich blieben jetzt nur noch fünf Tage für den Besuch der Insel; wer indessen weiß, wieviel eine einzige Stunde bedeuten kann, der wird begreifen, daß ich auch die kurze Spanne dankbar entgegennahm.
Die Fahrt verlief ohne Störung. Auf dem Schiff, das ich in Baja bestieg, räumten mir deutsche Soldaten einen guten Sitzplatz ein. Die meisten kamen aus El Alamein in Afrika; Hauptinhalt ihrer Gespräche waren der Feldmarschall Rommel und der Sand. Kein Getränk und keine Speise sei frei von dem salzigen Wüstenstaub, auch beim Schlafen dringe er in Mund, Nase und Ohren ein. In Rommel sehen sie den gefeiten Wundermann, der mit der Sicherheit eines Rutengängers die tödlichen Minenfelder zu Fuß überquere. Sie zeigten die sorglose Zuversicht, die zu Pflicht und Wesen des Soldaten gehört, bezweifelten aber doch, daß ihre Stellung dem britischen Druck noch lange standhalten werde.
Auf einmal suchten alle Blicke den Vesuv. Er stand undeutlich in einem blaugrauen Schleier; seine Dampfwolke lag nur wie eine Flaumfeder über ihm. Wind und Mond versprachen

gutes Wetter; der emsige Verkehr vor den weißen und rötlichen Häusern der kleinen Insel Procida, der schwache Weingeruch, der von den vielen dort aufgestapelten Fässern herüberstrich, dies alles mutete freundlich an, ich sah gewinnreiche Tage vor mir.
Als aber nun der schwalbenumflogene steile Fels, der das Kastell trägt, immer deutlicher wurde, als der hochbewaldete Berg Epomeo, der den Kern von Ischia bildet, mit seinem grünlichgrauen Gipfelgestein sehr klar aus dem Abend hervortrat, legte sich's doch wie Schuld auf mein Gewissen, daß ich mich ohne vorbereitende Studien dem vielgerühmten Eiland näherte. Des alten Dichters Rat war eigentlich Orakelmahnung gewesen; er gab keine bestimmten Hinweise, und auch das Büchlein, das ich nun reuig aufschlug, wußte nicht mehr, als daß einstmals unterirdische Vulkanausbrüche den Inselstock über das Meer emporgehoben hätten. Der Epomeo war als erloschener Vulkan bezeichnet, dem heilsame Wasser entsprängen.
Der Mond stieg höher; die italienische Küste ließ längst keine Einzelheiten mehr erkennen, und nun kam es mir unwirklich vor, daß ich noch vorgestern durch die vatikanischen Sammlungen gegangen war. Der Papst, auf irdische Vorsicht verzichtend, läßt seine Kunstschätze trotz der Luftgefahr für die allgemeine Besichtigung offen; verlangt wird aber, daß man in anständiger Kleidung die feierlichen Säle betrete; wer in schlampigem, unsauberem Anzug kommt, den weisen die Diener zurück.
Ludwig Curtius hatte den Bildhauer Toni Fiedler und mich zu griechischen Bildwerken geführt, und ich brauchte nun auf der Fahrt nur die Augen zuzumachen, so sah ich gleich wieder den Gelehrten vor dem Apoxyomenos des Lysippos stehen, sah die frei nachzeichnenden Handbewegungen, die das erläuternde Wort begleiteten. Dieses galt dem Bau der Figur: der Forscher begann mit den Füßen; er ließ die Gestalt von den Knöcheln an vor unseren Augen emporwachsen. Dabei stellte sich die Frage: Welches ist, plastisch verstanden, der schönste Teil des menschlichen Körpers? Curtius gab die Antwort gleich selbst; er pries über alles das

Bein vom Fuße bis zum Rumpf. Er nannte es ›das reichste, artikulierteste Gebilde, zugleich zart und kraftvoll, zugleich knochig und muskulös, zugleich abstrakt und sinnlich, ein immer neues Spiel von Ausdehnung und Zusammenziehung, von Anschwellen und Abklingen‹. Die Darstellung des Bildhauers beruhe auf der Fähigkeit, die Übergänge anschaulich zu machen, und in dieser Kunst der Übergänge offenbare sich die Meisterschaft des Lysipp, der übrigens ein Zeitgenosse Alexanders des Großen war und als einziger den König modellieren durfte.

So geleiteten mich auf der Meerfahrt immerzu die Visionen alter Bildwerke, die mir durch den großen Forscher lebensnah geworden waren, bis ich bei Porto ans Land ging, da kehrten sie um und überließen mich den unbemeßbaren Urkräften der Natur.

Gegenwärtig leidet Ischia unter der Hitze, die seit Monaten alle Mittelmeerländer austrocknet. Ein Fremder aus dem Norden merkt zuerst nicht viel; denn von blühender und grünender Natur sieht er genug. Von Porto nach Casamicciola führt eine Allee kräftiger Oleanderbäume, und wenn auch dicker Staub auf ihnen liegt, so kann er doch den schönen weiß und rosa Flor nicht überall verdecken, dem diese Gewächse den Namen Rosenlorbeer verdanken. Die Gärten sind voll bunter Überrsachungen. Manches Haus überkleiden die karminroten Hochblätter der Bougainville, die der Unkundige für die Blüte hält, obwohl grüne Spuren an Stiel und Rippen die Laubnatur deutlich beweisen; auch wuchert vielfach die Prunkwinde, und wo einer ihrer großen azurblauen Trichter gegen das Licht steht, sieht man ihn von einem blaßrötlichen Stern wie von einem Wasserzeichen erhellt. Dazwischen haben die Ranken der Melonenkürbisse ihre tiefgespaltenen gelben Trichter aufgetan, und manchmal wirft ein Schleierkraut sein weißes Blütchengewebe über die starken Farben hin. Aber schon der Kutscher, der mich zum Albergo fuhr, sprach von dem völligen Versiegen der Zisternen, und als ich mich sodann in meinem Zimmer waschen wollte, floß kein Wasser aus den aufgedrehten Hähnen; nur ein Krüglein voll war dem Ankömmling bereitgestellt.

Über dem Gasthof, in dem sich der deutsch-römische Freund vor drei Jahren noch so wohl befunden, lagen die Schatten des Krieges. Es fehlte an Bedienung wie an Gästen, und mir war, als könnte ich hier nur so halb und halb in mir selber wohnen. Im Gärtchen waren zementene Röhren aufgestellt, die vielleicht einmal eine Wasserleitung zusammensetzen sollten; man hat sie mit Erde gefüllt, um sie als Vasen zu verwenden, dann aber, wie es scheint, darauf vergessen; alle eingepflanzten Blumenstöcke sind verdorrt. Eine junge Frau, die durch den Empfangsraum ging, grüßte mit zerstreutem Lächeln, die Stirn in Sorgenfalten. Ich vermutete in ihr die Padrona; sie bestätigte es, halb abgewandt, und ließ mich nach wenigen Worten allein, eher einer Magd als der Herrin gleich. Niemand hinderte mich, mein Gepäck selbst ins Zimmer hinaufzubringen, das aber geräumig war und durch hohe Fenstertüren einen weiten Blick über das graue, silbern aufgerauhte Meer gewährte. Am Ufer sammelten sich Leute, um ein Kriegsschiff anzustaunen, das groß und schwarz hinter Procida nach Süden zog.
Leider entsprach der Strand gerade an diesem Punkt sehr wenig meinem Traum von südlichen Gestaden; ein paar schwarzgraue Felsblöcke ragen aus grobem Kies und schmutzigem Schutt; es haben sich Tümpel gebildet, in denen der Silberschaum des Meeres allmählich zu gelbem Geifer wird. Ans Baden war hier nicht zu denken; es fehlte an Schatten, an Farben, an Einsamkeit.
Am folgenden Morgen fiel mir eine eigene knisternde Sprödigkeit des Kopfhaares auf; die Meeresnähe schien also an der Trockenheit der Luft nichts zu ändern. Auf dem Wege nach Casamicciola erinnert eine Inschrift an die Schreckensnacht vom Juli 1883, wo eine Erderschütterung in kaum einer Minute die kleine Stadt zerstörte, so daß nahezu die ganze Einwohnerschaft umkam. Ich war damals in mein fünftes Jahr gegangen, und von den wenigen, die aus der Katastrophe lebend entkamen, konnte mir der eine oder andere wohl noch begegnen. Welche Gewähr aber haben wir, daß diesem Zittern der Erdrinde kein weiteres folgen wird? Was bedeuten sechs Jahrzehnte in der Entwicklung eines

Planeten? Und wenn sogar die Elemente mit uns den ewigen Frieden schlössen, wer könnte sich noch rein darüber freuen, sobald er an die bombenzertrümmerten Wohnungen und Heiligtümer unserer ehrwürdigen Städte denkt? Von einem vulkanischen Beben weiß der Kern der Erdkugel nichts; es geschieht nur auf ihrer Haut, absichtslos, ist gleichsam ein Schaudern im Schlaf; das Böse aber, das wir Menschen einander zufügen, das kommt aus unserem verfinsterten Herzen. Sollte wirklich unserem Jahrhundert die Bestimmung zufallen, daß wir die Rolle blind vernichtender Naturgewalten übernehmen und das Zerstörungswerk der Unterirdischen ergänzen und überbieten müssen?

Auf der Marina sandte mir in der Schwüle des Vormittags der hohe Norden einen kühlenden Geistesgruß. Weithin erkennbar auf weißer Marmortafel, die neben dem Postamt in eine Hauswand eingelassen ist, überraschte mich das Antlitz Henrik Ibsens. Unter diesem Relief ist eine ausführliche Rühmung des Dichters zu lesen, der aus rauher Heimat in das liebliche Klima der Insel geflohen sei, um an seinen Dramen zu arbeiten. Wie weit wir den Sorgen und Schmerzen einer Zeit entrückt sind, die ihren Anspruch auf das Glück der Ichbewahrung und Ichentfaltung, ihr Recht auf die Treue zur eigenen Seele so leidenschaftlich geltend machte, wird uns fühlbar, wenn beim Weitergehen der Blick auf die ehernen Sätze fällt, die den Inselbewohnern von allen Häuserfronten herab in riesigen Lettern den staatlichen Aufruf zu gläubigem Gehorsam, zu Kampf und Sieg entgegenhalten.

Zwischen Rebgartenmauern führt ein breiter Weg steil aufwärts. Einmal überquert ihn hoch zwischen zwei Masten ein Draht, der die elektrische Straßenlaterne trägt. Diesen dünnen Halt zu erklettern ist vom nächsten Weinstock aus einer beharrlichen Ranke geglückt, und nun durchschreitet man einen herrlichen Bogen mit goldgrünem Traubenbehang. Am Corso Garibaldi steht ein weißes Haus, das von der Straße her keinen Eingang hat; man gelangt zur Türe durch einen offenen Seitenraum, der einen Blick über Gärten hin bis ans Meer hinunter gewährt; unter der Decke stehlen sich auch hier die Trauben herein. Links und rechts von der Schwelle grünen Blattpflanzen; in der Ecke steht ein antikisches Brunnenbecken, über dem an einer Kette zwei kupferne Eimer hängen, beide mit Akanthusornamenten verziert. An der Straßenseite läuft ein Balkon den oberen Stock entlang, seinem Gitterwerk entbiegen sich eiserne Schlingen, deren jede einen Topf mit blühenden Begonien hält. Ein Priester geht, in einem Buche lesend, auf und ab. Von Eidechsen funkelt es überall; sie sind aber zur Zeit der Traubenreife nicht beliebt, weil sie dann den Geschmack am Ungeziefer verlieren und sich auf die Weinbeeren verlegen. Diesen saugen sie den süßen Saft aus und lassen die leeren Hülsen zurück. Traurig steht es um das Volk der Katzen, dem der Sinn für solche Genüsse fehlt. Eine schwarze mit schönen Goldaugen geht wie ihr eigener Schattenriß herum, so mager ist sie geworden.

Mit bittend ausgestreckter Hand schlurft ein Alter heran, einäugig und von herzkrankem Aussehen, aber den weißen Bart sorglich gepflegt und die Schuhe in Ordnung. Er scheint zu wissen, daß man einen Bettler, der auf sein Äußeres hält, weit lieber beschenkt als einen, der sich vernachlässigt. Seinen Dankspruch mußte ich mir wiederholen lassen, um ihn zu verstehen; ich habe nie einen schöneren gehört: »Fresco all' anima dei morti vostri!« – »Erquickung der Seele eurer Toten!« übertrug ich es mir. Eindringlich leise sprach er die kurze Segnung und ging weiter.

In den oberen Gassen verliert sich die Schwüle; die Fächer der Palmen vibrieren im Wind, und wie die Weinranken, die über die Mauern wehen, so flattern Kopftücher und Haare der Weiber. Eine Limonadenverkäuferin zeigte mir von ihrem dunklen Lädchen aus das Kurhaus Belliazzi und erklärte, die Bäder würden von dem heißen Quell Gurgitello gespeist, der aus dem Monte Epomeo hervorkomme und alltäglich fast 700 000 Liter liefere. Dies war mir ein Wink, auch ohne sonderliche Vorkenntnisse die Verbindung mit den unterirdischen Göttern der Insel aufzunehmen. Ich trat ein, meldete mich an und erwartete in dem hohen von oben erhellten Empfangsraum den bagnino, den Wärter. Dieser dunkelgebräunte, klug und schwermütig schauende Jüngling versah seinen Dienst mit jenem eifrigen Behagen, das den Aufenthalt in diesem Lande so doppelt angenehm macht. Nirgends findet man mehr fröhliche Bereitschaft, eine Sache so gut wie möglich zu machen, als in Italien; dem Deutschen fällt dies nur nicht immer gleich auf, weil alles, auch das Mühsame, scheinbar spielerisch geschieht, oft sogar von Gesang begleitet wird. Mein bagnino sparte wahrlich nicht mit seinem vulkanischen Quell. Den Schlauch hob er wie eine Waffe; erst ließ er abgekühlte, dann immer heißere Güsse mit einer Wucht auf mich los, die einen Schwächeren wohl umwerfen konnte. Später befahl er mir zu liegen und setzte seine heilsamen Angriffe fort. Zuletzt kamen die Fußsohlen und endlich die Handflächen daran, die man minutenlang, einem Flehenden gleich, dem Wasserschuß entgegenhält. Vom Bade weg wies er mich zur Ruhepflicht auf ein Ledersofa, über das ein Leintuch gebreitet war; in dieses schlug er mich ein und legte mir auf die Stirne ein kaltnasses Tuch. Dann ging er zum Kleiderhaken, durchsuchte meinen Rock nach der Taschenuhr, hing sie so vor mir auf, daß ich das Zifferblatt sehen konnte, bezeichnete mit dem Finger, wie lang ich zu liegen hätte, verließ die Kabine mit freundlichem Gesumm und kam nicht wieder, so daß ich ihn hernach draußen erst suchen mußte, um ihn zu loben und ihm seinen so redlich verdienten Sonderlohn zu geben. Beim Weitergehen brannten die Hände noch von der magmaheißen Taufe; hingegen war von der Ermüdung, die man sich nach einem solchen Bad erwartet, nichts zu spüren. Ein Briefchen, das ich in einer Tasche fand, mahnte mich an eine in Rom übernommene Pflicht; ich sollte es in der Via Alessandro abgeben und einen dort liegengelassenen blauen Gürtel in Empfang nehmen, um ihn später der Eigentümerin nach Rom zurückzubringen. Diesen Auftrag beschloß ich gleich nach der Mittagsruhe auszuführen, und mein Stern lenkte mich zu Menschen, die mehr von Ischia wissen als in Büchern mitgeteilt ist.

Nachmittags um drei Uhr verließ ich den Gasthof. Das Wetter schien umzuschlagen; die Sonne hing als Glanzkugel in schwarzem Dunstnetz über dem Ozean.
Links von der Straße, zwischen Pinien und Zypressen, leuchteten Engel und Kreuze von weißem Stein: dies war der Friedhof von Casamicciola. Er liegt hoch über dem Strand, in Felsen eingebaut, und umschließt auch die Opfer des großen Erdbebens. Leider durfte ich ihn nicht betreten. Ein italienischer Soldat stand an der Mauer; gelassen mir entgegenblickend verriet er mit keiner Miene, daß ich mich einem verbotenen Gebiet näherte. Der Arme mochte Nachtdienst gehabt haben; er gähnte und tätschelte sich dabei wie strafend auf den Mund, als verböte er sich, das je wieder zu tun. Erst als ich die Schwelle des Totenhofs überschreiten wollte, verwehrte er den Eintritt, und zwar mit einer übertriebenen Erzürntheit, wie sie uns noch zuweilen auf kleinen Wanderbühnen erheitert. Mit einer schwachen Hoffnung zog ich den Ausweis der römischen Quästur hervor; es war vergeblich. Der Mann wurde durch den Anblick des Zettels zwar etwas höflicher, blieb jedoch unnachgiebig, was wohl seine Pflicht war. Das große weiße Haus, das gartenumgebene, in dem ich mein Briefchen abzugeben hatte, gehört Professor Buchner, dem Leipziger Zoologen, der besonders durch seine Arbeiten über das gesetzmäßige Zusammenleben von Tier und Pflanze, das man Symbiose nennt, seinen Namen bekanntgemacht hat. Auf Ischia, der Wein-Insel, war es durchaus in der Ordnung, daß ich den vortrefflichen Forscher beim Keltern antraf. Sein junger Sohn, der sich dem Studium der Altertumskunde widmet, verfuhr dabei, wie man es in den frühesten Zeiten getan: er stand mit nackten Beinen in einem Schaff und entpreßte den schönen dunkelblauen Trauben, langsam tretend, ihr purpurnes Blut, während sich der Vater um die Rückstände kümmerte. Von ihm erfuhr ich, daß man, durch Kriegsnot erfinderisch geworden, die Körner mahlt und einen sogenannten Kaffee daraus bereitet. Gern wollte ich an die braven Eigenschaften dieses Erzeugnisses glauben, mußte jedoch, als natürlicher Feind aller Ersatzmittel, befürchten, daß ich ihm nicht gerecht

werden würde. Hab ich es doch seit Kriegsbeginn den italienischen Kellnern in den Speisewagen immer hoch angerechnet, daß sie die grünlich braune mit irisierenden Bläschen bedeckte Brühe, die sie nach Tisch ihren Gästen anboten, nicht als Kaffee bezeichneten, sondern laut und ehrlich fragten: »Desidera surrogato?«

Als Vater und Sohn ihr Winzergeschäft für diesen Tag beendet hatten, führten sie mich durch den Garten in ein kleines Gebäude, das sie scherzhaft ihr Museum nannten, und hier empfing ich eine erste Belehrung über die meergeborene Insel. Eigentlich sind es nur Scherben und Steine, was man in mäßig großen Zimmern aufgereiht sieht; aber die beiden Forscher haben jeden Gegenstand selbst ergraben und gemeinsam seine Herkunft bestimmt: Obsidian und anderes vulkanisches Gestein, Reste alter und ältester Gefäße, ein kleiner tragbarer Tonofen aus vorgeschichtlicher Zeit, – alle diese Dinge, zu denen immer neue kommen, sind ihnen keineswegs nur ein Haufen merkwürdiger Bruchstücke; zusammendenkend verstehen sie es, darin wie in einer Zeichenschrift die Geschichte des Eilands zu lesen, und begreiflicherweise erwachte auch in mir der Wunsch, in dem Rätselbuche wenigstens buchstabieren zu lernen. Der Professor bestärkte freundlich meinen Vorsatz, im kommenden Frühling auf die Insel zurückzukehren; er versprach sogar, mich auf Wanderungen mitzunehmen, mir auch die Südspitze mit S. Angelo zu zeigen, und gab mir einstweilen eine allgemeine Vorstellung von den geologischen Verhältnissen.

Daß Ischia sich aus Erzgußsteinen aufbaut, weiß man seit langem, und viele halten heute noch den Epomeo für einen erloschenen Vulkan; aber der eigentliche, der Urfeuerberg, dem die glühenden Schmelzflüsse entquollen sind, wäre keinem Landbewohnerauge je sichtbar gewesen; er wirkte tief unten auf Meeresgrund. Natürlich preßte nicht ein einziger großer Ausbruch diese Massen hervor; sie bahnten sich in Schüben, die durch Jahrhunderte von einander getrennt waren, aus dem Innern der Erde ihren Weg. Dabei wurden alte, schon erstarrte Magmen von den nachquellenden neuen durchbrochen oder nach oben getrieben; immer höher türm-

ten sich die Lasten, schließlich tauchten sie aus dem flutenden Meer und erhoben sich über seinen Spiegel, da war die Insel entstanden.
Ich suchte mir diese Vorgänge, die sich in unübersehbaren Zeiträumen abgespielt haben, zu vergegenwärtigen, darf aber nicht behaupten, daß es gelang; doch leuchteten mir die Folgerungen ein, die Professor Buchner aus ihnen zog. Ich begriff, daß jener graugelbe Trachyttuff, der überall auf Ischia vorkommt, und auch den Monte Epomeo bildet, älter sein müsse, als die eigentliche Insel. Einst war er als lockere Schlacken- und Aschenschicht über jene unterseeischen Lavagebiete gebreitet gewesen; allmählich, im Gang der Jahrtausende, wurde er zum festen Gestein. Später hat ihn das neu nachdrängende Magma über den Ozean emporgestemmt und auch die riesigen Lager von sehr feinem Ton mitgetragen, die hier vielerorten zugänglich sind. Wenn in Ruhepausen dann auf geförderter Lava nach und nach fetter, fruchtbarer Humus entstanden war, Pflanzen wuchsen, Tiere kamen und auch der findige Mensch das Eiland besiedelte, da entdeckte dieser bald jenen bildsamen Stoff und formte ihn zu Tellern, Schüsseln und Amphoren. Aber das vulkanische Feuer wühlte weiter; ein neuer Ausbruch schüttete das hocherblühte Leben wieder zu und verscheuchte auch das menschliche Geschlecht für lange Zeit.
Wie der naturkundige Vater und sein altertumforschender Sohn hier zusammenarbeiten, ist im schönsten Sinne zeitgemäß. Noch um die Jahrhundertwende standen sich Väter und Söhne nicht so nah wie heute, und ein tätiges Verhältnis wie dieses hätte man selten gefunden. Der Professor unterscheidet genau, wie Humusdecken mit Aschen- und Lavaschichten im Aufbau des Bodens abwechseln; der junge Student sieht sich die Scherben an, die in den verschiedenen Lagen gefunden wurden; so vermögen sie die Termine der Katastrophen annähernd zu bestimmen. Mit Menschenaugen betrachtet ist nach ihrer Meinung vom Beginn der Eisenzeit bis zum dritten christlichen Jahrhundert Ischia ein wahres Inferno gewesen.
Beim Abschied versprachen wir uns einen gemeinsamen

Gang auf das Kastell für den folgenden Tag. Frau Buchner, eine zartwüchsige, lebensvolle Italienerin mit grauen Augen, brachte den blauen Gürtel, den ich nach Rom zurückbringen sollte, wickelte ihn in Seidenpapier und gab ihn mir mit. Zum Wohnen empfahl sie mir das Hotel San Pietro in Porto; dringlich mahnte sie mich, noch heute umzuziehen. Denen, die wenig haben, auch das Wenige zu nehmen, widerstrebt jedem tieferen Gefühl; aber die Begründungen der Dame, die von den wahren Ursachen der Verelendung meines Albergos mehr zu wissen schien, als sie aussprach, waren nicht ohne weiteres in den Wind zu schlagen, und ich dachte mir auf dem Rückweg eine kleine italienische Rede aus, um meinen Wirten den Wohnungswechsel auf schonende Art zu erklären, nahm mir auch vor, einen entsprechenden Geldbetrag als Entschädigung zu opfern; aber im Gasthof war mittlerweile das Unglück eingekehrt.

An der Haustür holte ich die kleine Tochter ein, die beim Mittagsmahl von Tisch zu Tisch gegangen war und mit bescheidenem Lächeln Eisstückchen in Wasser- und Weingläser verteilt hatte; sie trug ein Körbchen voll blauer und grüner Feigen und weinte. Drinnen aber in dem Vorsaal, durch den man in den Speiseraum gelangt, stand der Wirt, den sie hier nur den Mario nennen, auf ein Schreiben starrend, das auf dem grünen Billardtuche lag. Seine Frau hielt eine Soldatenphotographie in ihrer zitternden Hand; sie weinte nicht, war aber sehr bleich und wundersam verändert. Während ich an den beiden vorüber zur Stiege gehen wollte, fing ich einen Blick des Wirtes auf und sah ihn fragend an. Er sagte bald moglie, bald fratello und hielt mir ein amtlich gestempeltes Blatt entgegen, das mich aufklärte, da ich als erstes das Wort sommergibile las: Der junge Bruder der Padrona war vor Tobruk mit seinem Unterseeboot gesunken. Die Frau drückte immer wieder eine Hand an die Herzgegend. Konnte man sie vorher hübsch nennen, so trieb nun ein großer nach Verhaltung ringender Schmerz uralte Schönheit hervor: es ging mir durch den Sinn, daß einstmals Griechen das Eiland bewohnt haben.

Wir kommen uns freigebig vor, wenn wir einem Armen ein paar Lire in die Hand legen; aber ist man im Grunde nicht selbst ein reisender Bettler? Wenn es nur leichter wäre, uns zu beschenken! Wir klopfen an viele Türen, und manche wird uns aufgetan, aber unsern wahren Wunsch dürfen wir nicht nennen, müssen hoffen, daß der Spender ihn errate. Man ist nicht karg gegen uns: wertvolle Dinge werden uns aufgedrängt; nur ist nie jenes eine darunter, das unserer Reise den großen Sinn verliehe, ohne den man in unserem Alter nicht mehr gerne lebt. In jeder Stadt, in jedem Dorf gibt es einen Menschen, der es uns überlassen könnte, ohne dadurch selbst ärmer zu werden; aber diese Seltenen wissen meistens gar nicht, daß sie es besitzen.

Die Zeit ist so geworden, daß man immer eine Verpflichtung fühlt, seine eigenen Sorgen mit der allgemeinen Trauer zu vereinen. Das Riesennetz des Völkerschicksals hält uns alle längst umfangen, auch wenn uns das Garn noch nicht unmittelbar streift, und nur als Geist schlüpft man durch seine Maschen.

Es war, als hätte die Heimsuchung des Hauses die Räume wohnlicher gemacht; ich packte Koffer und Köfferchen aus und richtete mich ein, so gut es ging. Zwei überraschende Funde erwarteten mich in einem Seitenbehälter: das verlorengeglaubte Bändchen mit den drei Aischylosdramen und eine unversehrte Zigarre, eine von den großen, teueren, die nach Cavour, dem Einiger Italiens, benannt sind. Ich begann, ›Die Perser‹ zu lesen, denen ich so lang aus dem Wege gegangen war, und entzündete die kostbare traumbringende Pflanze, der Conte Corti sein Buch von der ›Trockenen Trunkenheit‹ gewidmet hat. Während ich mich aber des veilchenfarbenen Weihrauchs freute, der das Zimmer durchspann, wurde mir fühlbar, daß die Nerven seit langem des wunderbaren Giftes entwöhnt waren; das Rauschgefühl trat allzu stürmisch ein, und jede Art Beruhigung blieb aus. Erst wenige Seiten waren gelesen, erst ein kleiner Teil des braunen Stäbchens zu weißer Asche geworden, da stieg der Zauber der griechischen Rhythmen ins Überirdische, und schließlich, in der Inselfremdnis, beim Gebraus der See und im Bewußtsein eines unabsehbaren Krieges der Völker löste das Getön der uralten Dichtung einen wahren Schwindel aus, eine kranke Sehnsucht nach der geistigen Abendlandheimat, deren Gestirn jetzt an unserem Himmel hinabsinkt.

Wer Tabak raucht, verwandelt ein edles Pflanzengewächs in duftenden Qualm und in Asche; dabei beflügelt sich seine Phantasie. So saugt die unbekannte Macht, die uns entzündete, all unser Sein und Tun ins Nichts hinaus, – auch da ist Asche der einzige sichtbare Rest, auch da schweben neue Träume über der Vergängnis.

Daß Aischylos wie Tausende von griechischen Bürgern bei Marathon mitgekämpft hat, lernen heute die Schulkinder. Daß er sein Perserdrama in staatlichem Auftrag verfaßte, ist weniger bekannt, und vielleicht war es das Gefühl, eine bestellte Arbeit vor mir zu haben, was mich immer vom Lesen abhielt. Ich wollte keine haßbenommene Siegesrede hören und mir meine Ehrfurcht vor dem Dichter des Prometheus und der Eumeniden nicht verkümmern lassen. Nun aber, da sich jene Dichtung als einziger neuer Lesestoff darbot, ließ ich mich doch darauf ein, und siehe, Aischylos blieb Aischylos.
Auf den ersten Blick erscheint uns die Tragödie freilich als eine sehr feine, sehr überlegene Art, im eigenen Volke die süßen Schauder maßlosen Triumphes zu erregen; sie ist aber mehr. Denken wir uns einen Perser jener Zeit bei der Aufführung als Theatergast zugegen, so bliebe ihm wohl ein Gefühl der Trauer, nicht aber der Kränkung zurück; ja er müßte zugeben, daß ein Schauspiel, das jenen Krieg in die Erinnerung ruft, nicht schöner, tiefer und schmerzlicher sein könnte, wenn es einen großen *persischen* Dichter zum Verfasser hätte. Wir hören weder aus dem Munde der Atossa, der Mutter des besiegten Königs, noch im Botenbericht, noch im Chorgesang der Greise ein unwürdiges Wort; auch der aus dem Hades heraufbeschworene Geist des Dareios bleibt sachlich-gerecht: seine Rede gereicht weder Griechenland noch Persien zur Unehre; nur Klage wird vernehmbar, aber

auch Ermutigung, Trost und eine strenge Mahnung: nie wieder Gewalttat gegen Hellas! Über allen Szenen, Gesängen und Rufen des großen Schauspiels aber schwebt unausgesprochen die weise Dankbarkeit des frommen Dichters gegenüber dem Feinde, der das eigene Volk zur Höchstentfaltung seiner Kraft genötigt hat.

Im abendlichen Speisesaal saßen außer mir drei italienische Familien an weit voneinander entfernten Tischen und, in einer Ecke, drei junge Offiziere. Der Padrone trug selbst die Speisen auf. Nach der Suppe gab es rohen Schinken und Spaghetti; dazu reichte das Töchterchen die grünen und blauen Feigen, die es weinend heimgetragen. Die Kleine lächelte schon wieder, als sie von einem silbernen Löffel Eisstückchen in die Gläser gleiten ließ. Das Radio brachte leichte Musik, auf die niemand achtete; sobald es aber die Meldungen der italienischen Wehrmacht ankündigte, mußte die Mahlzeit unterbrochen werden; alle Gäste standen auf und hörten die Berichte schweigend an, mochten sie nun erfreulich oder betrüblich klingen. Dieser Brauch kam einer grauen Taube zugute, die mir schon mittags durch ihr Verhalten aufgefallen war. Vom Vorsaal schwirrte sie herein zu dem nächsten Gedeck und überfiel Brötchen und Nudeln; sie schien zu erwarten, daß man in der feierlichen Pause nichts gegen sie unternehmen würde. Später freilich wurde sie von Tisch zu Tisch verjagt; endlich landete sie bei mir und merkte gleich, daß sie den richtigen gefunden hatte. Sie las nicht nur die hingestreuten Krümchen auf, sondern pickte auch in den Teller hinein und stieß zuweilen nach dem Bissen, den ich zum Munde führte. Sie hatte wohl kein gefahrloses Leben; ihre Nackenfedern waren bös zerzaust, und wie bei Geiern sah man den nackten Hals. Nun aber kam ein kleiner Junge in schwarzer Hemdbluse mit himmelblauem Tuch um die Schultern, grüßte militärisch und erklärte il piccione als sein Eigentum. Dann umfaßte er den Täuberich an den Flügeln und nahm ihn wie ein Kind in den Arm. Er bat noch um ein Stückchen Brot für seinen Schützling und trug ihn fort.

In der Dunkelheit ging ich auf der hohen Uferstraße hin und her. Nördlich entluden sich ferne Gewitter. Etwa jede halbe Minute flammte der Gesichtskreis auf, und mitten in breiter Wolkenhelle erglänzte der Blitz, meistens in Winkeln, manchmal als gerader Strich. Von diesen Vorgängen gelangte bis zu meinem Ufer nicht ein Laut. Ich glaubte dennoch auch hier das leise Strömen elektrischer Kraft zu spüren; zuweilen wars, als ginge man durch lauter stille Entladungen. Dem Ohre aber blieb die Luft ganz ruhig; man vernahm nur immer wieder den gewohnten Rhythmus der Welle, die sich einrollt, ehe sie zum Felsenstrande hin verschäumt. Der Mond zog silberne Linien durch das Wasser; hoch über dem Epomeo stand er im Nachtblau, von leuchtendem Staub umgeben.
Im Traum sah ich viele Menschen, bekannte und fremde; wir waren alle zu Gast bei dem Freunde, von dem die Rede geht, er werde bald seines Amtes enthoben werden. Wir saßen um einen runden Tisch in dem großen Zimmer, wo er seine Getreuen zu versammeln pflegt; es war jedoch niedriger und die Einrichtung fast ärmlich; auch die kostbaren Teppiche fehlten, und der glänzende Parkettboden war durch ein abgenutztes, zerbeultes Ziegelpflaster ersetzt. Nun erriet ich, daß jenes längst gefürchtete Ereignis bereits eingetreten war. Die anderen Gäste schienen es zu wissen; sie saßen schweigsam da, und niemand langte nach den Pfirsichen und Feigen, welche Stella, die blonde Tochter, in einem geflochtenen japanischen Körbchen herumreichte. Der Hausherr ließ sich nichts anmerken; doch war ich überzeugt, daß er die Bestrafung sehr schmerzlich empfand, und suchte ihn zu trösten, indem ich sagte, die Farbe dieser Pflasterziegel sei so schön wie das allerschönste Rot auf pompejanischen Wandgemälden. Diese Worte aber brachten eine allgemeine Verlegenheit hervor; man tat, als hätte man sie nicht gehört. Auch der Freund schien den Ausspruch als taktlos zu empfinden; er sah kummervoll zur Zimmerdecke hinauf, und Stella ging vorüber, ohne mir Früchte zu reichen.

Auf dem Wege zum Kastell bot uns eine freundliche junge Frau Kastanien an, die sie auf einem Eisenöfchen röstete, ein

Bild, das sonst seit Kriegsbeginn aus dem Straßenleben verschwunden ist. Die Verkäuferin war als Erscheinung merkwürdig: die Kopfbildung, die weit auseinanderstehenden Augen, die breite Stumpfnase, die wulstigen Lippen, der wollige Haarwuchs, alles war ausgesprochen negerhaft, nur die Hautfarbe nicht; diese konnte einem bleichsüchtigen Mädchen aus dem Norden angehören.
Über allen Rassemerkmalen aber schwebte eine stille Heiterkeit. Am Ofen stand auch ihr Töchterchen und half beim Rösten. In dem Gesichtchen dieses Kindes begann sich das Afrikanische schon zu verwandeln; es war, als hätte der Genius Italiens mit einigen raffaelischen Zügen die ganze Art veredelt und jene Heiterkeit ins wahrhaft Himmlische gesteigert.
Zwei Lire verlangte die Frau für zweiundzwanzig Kastanien. Sie lebte noch in einer anderen Zeit; sie kannte die heutige Kostbarkeit ihrer Ware nicht.
Über einen Steindamm gelangt man zu dem Felsen hinüber, auf dem sich die berühmte Burg erhebt. Beim Emporstieg hielten uns immer wieder Soldaten an, die Buchner zufriedenstellte, indem er sich als Einheimischer auswies. Bald lag unter uns die Pineta, ein besonderer Stolz der Inselbewohner. Mit den Gebäuden, die sie umgeben, steht sie auf einem erstarrten Lavageschiebe; die Pinienschirme stoßen überall zusammen, man sieht auf einen riesigen dichtgrünen Filz hinab.
Das Kastell, das einst jahrelang Wohnung der Vittoria Colonna und später, in Gefahrzeiten, Zuflucht mancher Fürsten war, ist eine einzige Auflösung. Aus Klüften und Löchern des zerbröckelnden Mauerwerks fallen verstaubte Haargewächse; dazwischen grünt mit fetten rundlichen Blättern und den bekannten allbegehrten Knospen der Kapernstrauch. Im Schatten vorspringender Klippen warten wilde Tauben die Kühle des Abends heran. Über Nesseln fliegt ein Schmetterling, tiefschwarz mit weißem Zickzackband. Es raschelt in Stauden, man denkt an Vipern; aber der Kenner der Tierwelt erklärt: es gibt keine Giftschlangen auf Ischia. Das ist verwunderlich, wenn man doch weiß, daß drüben auf dem Festland, etwas nördlich von Terracina, kein Jäger mehr

ohne Serumvorrat seine Gebiete durchstreift. Noch immer steht mir der gebissene Hund vom Kap der Kirke vor Augen, der zwar infolge der Einspritzungen am Leben geblieben war, aber noch nach Monaten eine dicke Geschwulst am Halse behielt.

Wir betraten eine nur halb erhaltene Kirche. Reste von Fresken sind an den Wänden erkennbar; ein Giotto-Lehrling mag sie gemalt haben. Seltsam, daß man als Kind so gern Ruinen sah, daß man sich in alte Gemäuer immer etwas hineinträumen mußte, bald eine nornenhaft strenge Frau, bald einen goldbekränzten Jüngling, bald einen strahlenden Heiligen, der einem auf ausgestreckter Hand das bunte Modell einer türmereichen Stadt entgegenhielt, und überall dunkles Immergrün wachsend auf den halbverloschenen Inschriften brüchiger Steine. Hier aber, in diesem zerfallenen Tempel, hat einstmals, wie der junge Buchner bemerkte, die Trauung des Ferrante d'Avalos, des Marchese von Pescara, mit Vittoria Colonna stattgefunden, und der Gedanke an das ungewöhnliche Brautpaar überglänzte minutenlang alle Gegenwart. Die Angesichte lebten mir von Bildern her noch in der Erinnerung: der junge körperlich fast zarte Feldherr, der Sieger von Pavia, der sich bis zu seinem frühen Soldatentod wahrhaft adelig bewährte, indem er glänzenden Angeboten widerstand und seinem Kaiser die Treue hielt, obwohl er wußte, daß von diesem kein Lohn zu erwarten war, und die Dichterin, die von Dantes Geist gesegnete, die nach dem Tode des Geliebten zur Heiligen wurde. Sie fügte sich in die Reihe der ehrlich Frommen, denen an der höheren Bestimmung des Menschen mehr gelegen ist als am irdischen Treiben. Um die Nachfolge Jesu bemüht, sah sie voll Zorn und Schmerz, wie damals die römische Kurie in trüber Weltlichkeit verkam. Nicht ohne stille Bestärkung aus dem lutherischen Deutschland rang sie in Gedicht und Leben um Erneuerung der Kirche, um Vereinfachung des Gottesdienstes, überhaupt um die Rückkehr zum Urchristentum, ohne deshalb an Abfall von der katholischen Gemeinschaft zu denken. Den Ernst ihrer Seele, der alles zersetzende Denken noch fremd war, und die Reinheit ihres Wandels fühlte ganz Ita-

lien; sogar die Greuelmänner ihrer Zeit beugten sich in Achtung vor ihr. So durfte sie es auch wagen, Paul III. in wichtigen Punkten sehr scharfe Vorhaltungen zu machen.
Einst, als der Marchese noch lebte, war sie als Gast einer königlichen Hochzeit auf schwarz und weiß geflecktem Zelter geritten, den eine karmesinrote, gold- und silberbestickte Samtschabracke bedeckte, hatte ein Kleid aus rotem Brokat und Samt mit goldenem Gürtel getragen. Sechs Stallmeister in gelber und blauer Seide waren ihr Geleit, sechs Edelfräulein in hellblauem Damast ihr Gefolge gewesen. Als jedoch später die Witwe dem Hofe von Ferrara einen Besuch abstattete, da erregte die ganz unzeitgemäße Einfachheit ihres Auftretens Verwunderung; man mag sie als puritanisch empfunden haben. So wurde sie reif, in vergeistigter Liebe den Freundschaftsbund mit dem alten Michelangelo zu schließen. Solche Menschen, wie bürgen sie für ihr Zeitalter, wie geben sie ihm Halt und Gestalt! Und ihr Glück, ihre Schmerzen, ihre Hoffnungen, wie wirken sie in unsere Seelen herüber!
Wir kehrten ins Freie zurück, und ich nahm Abschied von den versunkenen Jahrhunderten. Meine Begleiter brachten mir schnell zum Bewußtsein, in welche Epoche wir nun einmal hineingeboren sind und was echte Forscherleidenschaft in ihr bedeutet. Zwischen Gras und Stauden, halb ins Erdreich eingebettet, lagen zwei starke wettergraue Balken, auf die sonst niemand geachtet hätte; Vater und Sohn aber nahten ihnen wie alten zuverlässigen Freunden und gönnten dem klaren italienischen Oktobertage kaum mehr einen Blick. Behutsam lupften sie das eine Trumm heraus und wälzten es auf den Rücken, daß die erdfeuchte Hälfte nach oben sah; von dieser schälte der Professor mit dem Taschenmesser einen breiten Splitter ab. Was nun zum Vorschein kam, begeisterte die beiden Gelehrten, während es mich ein wenig gruseln machte. Das Holz wimmelte von einem weißlichen, würmchenhaft geringelten Geziefer, das höchst licht- und luftempfindlich sein mußte; denn wie von Säuren verletzt strebte der ganze Schwarm, das Dunkel suchend, nach innen. In mein Grauen aber mischte sich entschiedene Hochach-

tung, als ich erfuhr, worum sichs handelte: es ging mir wie einstmals beim Erblicken erster Krankheitskeime im väterlichen Mikroskop. Was da so unheimlich wurlte, war nichts Geringeres als das vielberufene Volk der Termiten, die man immer noch als weiße Ameisen bezeichnet, obwohl sie einer anderen Insektenordnung einzureihen sind, wahrscheinlich den Schaben. Die echte Ameise gehört sogar zu den Urfeinden der Termiten, wenn sie auch viele Lebensgewohnheiten mit ihnen teilt. Aber die Ameise vermag nur zu lecken; die Termite dagegen kaut, und darin besteht ihre gefährliche Macht. Mir fiel jetzt ein, daß ich von den großartigen Wühlereien dieser Geschöpfe schon einiges wußte. Eine alte von Tutschek aus dem Schwedischen übersetzte Naturgeschichte, die, Gott weiß woher, in meine Knabenbücherei gekommen war, erzählte so von ihren Taten, daß man böse Märchen zu lesen meinte, und nirgends konnten diese glaubhafter klingen als hier, auf der unterhöhlten Insel.
Im Jahre 1814 stürzte der Palast des Generalstatthalters von Kalkutta plötzlich ein; er war von den Termiten, denen außer Stein und Metall kein Stoff widersteht (am wenigsten Holz) in aller Stille ausgenagt worden. Wenige Jahre später fraßen sie auf der Werft von Bombay ein Linienschiff so völlig zusammen, daß es in Stücke zerfiel. Aber auch von ihrer planmäßigen Art, zu bauen, von der unheimlichen Härte jener hohen Burgen, welche die afrikanische Termite errichtet, las ich schon damals: wer diese Gebäude, die, wie Dantes Höllenanlage, von spiraligen Gängen durchwunden sind, abtragen will, muß Dynamit zu Hilfe nehmen. Von den Kolonien feiner Pilze, die diese tropische Gattung in der Nähe ihrer Festungen anlegt, um sich eine köstliche Nahrung zu sichern, erzählte jenes Lesebuch allerdings noch nichts. Ich fragte den Professor, ob man mit der Beobachtung auch einen praktischen Zweck verfolge, und erfuhr, man wolle vor allem erforschen, wie sich die Termiten zu den verschiedenen Holzarten verhalten; man hofft auf diesem Weg neue Mittel zu ihrer Bekämpfung zu finden. Zur Züchtung eignen sich besonders die Weinpfähle, für die sie eine Vorliebe haben. Da jedoch die Arten des Mittelmeergebietes ohne Feuchte nicht

leben können, so wohnen sie nur in den Spitzen, die im Erdreich stecken, wodurch die Pfähle kürzer und kürzer werden. Diese sind auf der holzarmen Insel teuer; kein Bauer gibt sie gerne her.

Nach Casamicciola kam ich so früh zurück, daß noch Zeit zu einem Höhengang blieb. Hier traf ich wieder große Bestände von dem hohen Schilfrohr, das im Süden zu mächtigen Formen gedeiht und kleinere Häuser überragt. Arundo donax nennen die Wissenschaftler dieses Riesengras; es heißt auch Schalmeien- oder Klarinettenrohr und ist das gleiche, aus dem sich die Hirten des Altertums ihre Syringen schnitten. Durch das helle Grün der langen Blattbänder hebt es sich von allem anderen Pflanzenwuchs der Insel ab, als wäre es aus Urzeiten stehengeblieben. Im Gegensatz zu den Schilfarten, die bei uns heimisch sind, verträgt es auch trockenen Boden. An den Hängen des Epomeo findet man es noch in ziemlicher Höhe. Solange die Blätter jung und zart sind, verfüttert man sie; später werden sie hart und scharfrandig. Die sehr starken Schäfte finden Verwendung zu Stäben, Zäunen und zur Dachbedeckung. Man bemüht sich jetzt, Arundo donax nach Deutschland zu verpflanzen; ob es aber dort strenge Winter überdauern wird, ist fraglich. Der Versuch erschwert sich auch durch den Mangel an Samen. Dieser kommt fast nie zur vollen Reife; man braucht ihn in Italien auch nicht, weil das Rohr im Frühjahr aus den Wurzelstökken immer neu nachtreibt.

Ein weißes Flämmchen flatterte mitten auf umdämmertem Weg; es war ein schöner Nachtfalter mit langen Flügeln, dem augenscheinlich etwas zugestoßen war. Ich drehte ihn vorsichtig um, da lag, dicht angeschmiegt, eine kleine Wespe an seiner Brust. Sie hatte wohl mit ihrem Stich ins Nervenzentrum getroffen, und ihr Gift mochte auf einen Schmetterling kaum weniger heftig wirken als auf einen Menschen ein Klapperschlangenbiß. Die Wespe verließ ihre Beute, blieb jedoch kreisend in der Nähe. Aus dem Flattern des Falters wurde mehr und mehr ein Zittern, dann hörte auch dieses auf.

Ein Pfad lockte zwischen Felsen in eine Schlucht hinein, aus der eben zwei deutsche Soldaten herauskamen. Sie sagten, der Weg führe nicht weit, er ende nach wenigen Minuten an zwei zusammenstoßenden Steinen. Bis zu dieser Stelle ging ich noch; Efeuteppiche hingen über den Tuff herunter. Aus dünner Kluft sprang im Bogen ein klarer Wasserstrahl; ich dachte an die vielen römischen Brünnlein und spürte nun erst, wie durstig ich war. Mein Reisebecher mußte im Gasthof liegengeblieben sein; ich hielt die Hände unter den kristallreinen Quell, zog sie aber schnell zurück: das helle Wasser war fast siedend heiß.

Ich kehrte um und gewann bald einen Weiterweg nach oben. Ein mächtiger Tuffblock war zu einem jener Steinhäuser ausgehauen, von denen schon Professor Buchner erzählt hatte. Man sieht noch die Rinnen für den Ablauf des Regenwassers, auch die nahe Zisterne. Waldreben, Feigensträucher und stachlige Ranken durchwachsen das Innere, aus dem es kalt und modrig haucht. Seit wann mag die seltsame Behausung verlassen sein? Wohl seit Jahrhunderten.

Mittlerweile war etwas Gewitterhaftes in die Luft gekommen; es donnerte von Osten, und Feuerscheine flogen durch den Himmel. Von meinen Deutschlandfahrten her war mir die Erscheinung bekannt genug. Neapel wehrte sich wieder einmal gegen feindliche Flieger. Wie man später erfuhr, sind aber diesmal keine Bomben gefallen. Nach einer Viertelstunde war wieder alles ruhig.

Arundo donax behielt in der Dämmerung lange seine grüne Leuchtkraft; eine Weinpflanzung nahm sich dagegen dunkel aus. Ein Stein lud zum Rasten; das Meer war schon verblaßt, Wolken boten sich dem Blick zum Spiel. Ein schwacher Wind lief über den Hang; man hörte die Schilfe weich an Felsenwände schlagen. Manchmal wars, als fiele irgendwo eine harte kleine Perle. Ich wandte mich um und sah eine junge Frau, die noch, mit einem Körbchen am Arm, in ihrem Garten stand. So oft sie eine Traube brach, gab es diesen Ton.

MITTAG IN NEAPEL

Neapel erschien mir in meinen wenigen Wartestunden als eine Stadt, die fröhlich entschlossen ist, den Krieg so wenig wie möglich zu beachten und von der nahenden Katastrophe wegzublicken. Es dauerte eine Weile, bis dieser Eindruck, der übrigens keine frohe Stimmung schuf, sich berichtigte. Vorerst sah ich, wie hier manche Waren, die aus römischen und florentinischen Schaufenstern längst verschwunden waren, wie Seifen, Parfüme, Krawatten und Binden auf offener Straße feilgehalten wurden; auch öffentliche Schuhputzer gab es noch. Mich verlockten einzig die herrlichen Weintrauben, die gegenüber dem Bahnhof Monte santo in Fülle zu haben waren.

Ein alter Mann, dem Aussehen nach mehr Holländer als Italiener, eine Schiffermütze auf dem Graukopf, kurze Pfeife schmauchend, weißer Bartkranz, freundlich blaue Großvateraugen, rote Bäckchen, sprach mich an und erbot sich, mir ein gutes Gasthaus zu zeigen, schien auch sonst zu jeglichem Dienst bereit. Es war noch nicht Mittagszeit, ich wollte ein wenig schlendern, merkte mir also die Lage der Trattoria, leistete dem Alten eine Anzahlung, gab ihm meinen Gepäckschein und bat ihn, bis zwei Uhr mit einem Vetturino meinen Koffer an das Lokal zu bringen, damit ich von dort aus zum Hauptbahnhof weiterfahren könnte.

Um zehn Uhr hatte der Oktobertag schon eine gewaltige Hitze entwickelt; der Zauber südlichen Lebens verstärkte das Vorgefühl eines Abschieds, den ich als einen für immer empfand. Als ich durch einen öffentlichen Garten ging, mußte ich den erzieherischen Sinn eines Aufsehers bewundern, der zwei Kinder zurechtwies, die gerade Blumen abreißen wollten. Statt sie drohend auszuzanken, wandte er sich an die Vernunft der kleinen Sünder, die recht schuldbewußte Mienen machten, und pflückte schließlich selbst für jedes ein Sträußchen, worauf sie mit einem klangvollen ›Grazie‹ das Weite suchten.

Schwerer hatte es ein alter Mann, der auf einem Handwagen Trauben feil hielt; er mußte sich gegen ein paar hohlwangige

Buben wehren, die seinen blauen und gelben Vorrat wie Wölfe anfielen. Während er den einen der halbwüchsigen Räuber wegstieß, erraffte sich ein anderer seine Beute, und das ermutigte einen Dritten, sich auch zu versorgen. Der Händler, in verzweifelter Wut, packte schließlich eine der leeren Holzkisten, in denen die Trauben verwahrt gewesen, und schlug auf den nächsten Plünderer los. Diesen vermochte er in die Flucht zu jagen; die anderen machten sich den Kampf zunutze.

Daß dieser Vorgang als Kriegserscheinung zu werten war, bezeugte sich auch dadurch, daß keiner seiner Landsleute dem armen Greis zu Hilfe kam. Verlegen zur Seite schauend gingen Männer und Frauen vorbei, und wer die zärtlich nachsichtige Liebe kennt, die das italienische Volk für Kinder und Jugendliche bereithält, konnte wohl nachfühlen, was in den Zeugen des betrüblichen Schauspiels vorgehen mochte. Sicherlich verurteilten sie die kleine freche Bande, wußten aber auch, daß diese grausam hungerte, und schämten sich, gegen die elend aussehenden Buben für den immer noch ganz wohlgenährten Obstler Partei zu nehmen.

An einer Straßenecke hing unter Glas und Rahmen ein Heiligenbild; vor diesem standen vier Leuchter mit brennenden Kerzen, die sich in der Hitze bogen. Eine Frau in einfachem braunen Kleid ging darauf zu, mager, verhärmt; eine stille Wut schien in ihr angesammelt. Sie ballte die Hände, als wollte sie das Bild angreifen, besann sich aber dennoch auf die schuldige Ehrfurcht, zwang sich zu einer frommen Miene, führte die Fingerspitzen der rechten Hand an den Mund und berührte mit ihnen das Glas. Nach diesen symbolischen Küssen gab sie die zeremoniöse Haltung wieder auf, warf, Entscheidung fordernd, die Arme nach außen und unten und schrie dem Heiligen ihre Beschwerden laut ins Gesicht. Es war nicht möglich, von der neapolitanischen Mundart mehr als dann und wann ein Wörtchen zu verstehen; ihrem Gebaren nach aber mochte sie ungefähr sagen: ›Wie haben wirs denn eigentlich miteinander, wir zwei? Was soll ich mir von dir denken? Macht dir mein Elend keinen Eindruck? Du bist sehr in Anspruch genommen, das weiß ich, aber bitte, nimm dich doch endlich zusammen, es ist allerhöchste Zeit!‹ Kurz war dieses aufbegehrende Gebet, inbrünstig, drohend, zuletzt in Schluchzen erstickend, aber nicht einen Augenblick ohne Würde. Um die vielen gleichgültig Vorübergehenden kümmerte sie sich nicht, und doch lag es dem Nordländer nahe, sie ein wenig als Schauspielerin zu empfinden. Schließlich kehrte sie ganz in die Demut zurück, holte neue Küsse von den Lippen, sandte sie durch das Glas und eilte weiter.

Während des Mittagessens wurden mir die Traubenräuber noch begreiflicher. Durch den leise klirrenden Glasperlenvorhang schlüpften zwei Männer mit Mandolinen und ein Mädchen von etwa zwölf Jahren in die Trattoria herein. Der eine Musikant hatte eine schwarze Binde über dem linken Auge, dem andern fehlte ein Ohr; das Mädchen trug einen schwarzen Rock, einen weißen Sweater und ein verblaßtes Lilaband im Haar. Von dem Gesang verstand ich nur die Wörter Vesuvio, morte und amore; die Stimme war ohne Weichheit, eher scharf und übermäßig tremolierend, dennoch der Vortrag durch das innige Gefühl, das sie ihm mitteilte, ergreifend. Sie sang nicht frei, sondern hielt sich ängstlich an das Notenblatt. In ihr Messingschüsselchen legte ich einen Zehnlireschein und wunderte mich, daß sie sich nicht sonderlich zufrieden zeigte; aber ihr Blick irrte zu den Maisbrotschnitten ab, die vor mir lagen und den dreien offenbar mehr bedeuteten als die paar Lire, für die sie sich eigentlich nichts kaufen konnten. Als sie beides erhielten, spielten und sangen sie noch einmal.

Pünktlich fuhr mein italienischer Holländer mit Koffer und Mappe in dem bestellten Wagen vor; wir nahmen voneinander Abschied wie zwei Vettern, die sich nächstens wieder treffen werden. Nachdem der Hauptbahnhof erreicht und das Gepäck dort untergebracht war, blieb mir immer noch Zeit genug, um einen alten Vorsatz auszuführen und die Kirche S. Maria del Carmine zu besuchen, wo Konradin von Hohenstaufen begraben liegt.

Die Hitze der Luft war wie ein Fieber gestiegen; ich ging sehr langsam und suchte vorher noch den Strand auf, um das

Meer zu sehen, das nur in der Nähe einen bläulichen Streifen bewahrte, draußen aber in Dunst und Glanz verschwand. Südlich schien ein Gewitter im Entstehen; von dort aus zog sich ein zarter weißer Wolkenbogen über den ganzen Himmel. Aus der Kirche kam Gesang; sie war trotz der mittäglichen Stunde dicht besetzt. Auch hier brachte sich der Krieg in Erinnerung; zahlreiche Frauen trugen Trauerkleider und kühlten sich mit schwarzen Fächern die Gesichter. Lilien und Rosen schmückten den Altar, unter welchem sechs Jahrhunderte lang die Gebeine Konradins und seines Freundes Friedrich von Österreich geruht hatten. 1847 wurden Konradins irdische Reste in den Sockel des Denkmals übergeführt, das Thorwaldsen im Auftrag Maximilians des Zweiten von Bayern geschaffen hat. Weithin sichtbar erhebt sich das edle Standbild vor der linken Wand der marmorverkleideten Kirche. Jeder kennt das anmutige Haupt des königlichen Knaben, dessen Geschichte so eindringlich bestätigt, wie sehr im großen Drama des Lebens auch unsere Feinde zu uns gehören. Dem finsteren Karl von Anjou war auferlegt, aus dem jungen Staufer die ergreifend lichte Erscheinung zu machen, die von uns allen weitergelebt wird. Der Jüngling durfte sterben, ehe die Welt ihn verhärtete; nun bauen immer neue Geister für ihn an einem Reich der Seele, das herrlicher und beständiger ist als jedes, das er sich hätte erobern können.

BRIEF AUS FLORENZ

1942

Ein Herr vom Deutschen Konsulat will diesen Brief einem Kurier mitgeben, der nach München reist; so entgeht er der Zensur und kommt schnell in Deine Hand.

In Padua ist alles gut gegangen. Dr. Rossi und seine Mutter sind ernste, gastfreundliche Menschen; sie denken und fühlen wie wir. Rossi und Professor Debiasi luden mich nach der Vorlesung zu einer Fahrt in die Umgebung ein. Treibstoff ist hier nicht knapp; die Wagen werden statt mit Benzin mit Methangas gespeist. Wir kamen ins Gebiet der Euganeen;

das sind vulkanische Hügel, kümmerliche Reste eines abgetragenen Feuerbergs, der vor einigen Millionen Jahren mindestens so groß gewesen sein muß wie der Ätna. Die Gegend ist voll heißer Quellen; auch an einem See mit warmem Wasser kamen wir vorüber, das in der Abendkühle stark dampfte. Mönche standen um eine Barke am Ufer; sie sammelten den heilkräftigen Schlamm. Um halb sechs Uhr waren wir in Arquà. Der Sarg mit Petrarkas Leichnam steht erhöht auf dem freien Platz vor der Kirche. Ein Knabenschwarm umdrängte sogleich unsern Wagen; alle wollten erklären und erzählen. Dem Aufdringlichsten verhieß Debiasi, der mir das Wichtigste in deutscher Sprache mitteilen wollte, einige Soldi, wenn er schweige, und wirklich blieben alle still. Als uns aber der gute Professor die in den Sarkophag eingemeißelten Verse zunächst italienisch las, da gelang dies etwas langsam, und nun half der zum Silentium Verwiesene mit klangvoll triumphierender Stimme nach. Fehlerlos trug er das Ganze aus dem Gedächtnis vor; ein Kamerad nach dem andern fiel ein, und schließlich wars ein ganzer Sprechchor, der, halb singend, mich belehrte. Wir mußten den Schwall ausbrausen lassen, ehe Debiasi mit seinen deutschen Erläuterungen beginnen konnte.

Eine Freundin der Familie Rossi, Frau Gazzaniga, erquickte uns in ihrem großen Garten mit einem süßen Wein aus eigener Ernte. Später kamen noch ihre Schwestern und Schwägerinnen. Wir saßen zwischen Rebenpflanzungen, japanischem Jasmin und breiten Lilienbeeten. Lilien werden hierzulande, dem heiligen Antonius zu Ehren, in überschwenglicher Fülle gezogen. Die Unterhaltung bewegte sich um neue Bücher. Von dem leise anschleichenden Verhängnis, dessen Schatten doch schon auf jedem Antlitz lag, sprach wie auf Verabredung niemand. Man merkt es übrigens auch in Italien jedem an, ob er noch Siegeshoffnungen hegt, oder ob er das unabwendbare bittere Ende so schnell wie möglich herbeiwünscht. Gefragt, welches deutsche Buch man lesen sollte, antwortete ich aus dem Stegreif: die südamerikanischen Meditationen vom Grafen Hermann Keyserling. Das Buch ist freilich schon vor elf Jahren erschienen; doch wäre mir auch bei längerem Nachdenken kein besseres eingefallen. Man muß sich hier hüten, Werke zu nennen, die außerhalb der deutschen Grenzen jede Gültigkeit verlieren. Als wir aufstanden, begann eben im Garten eine Nachtigall zu schlagen, da lud uns Frau Gazzaniga mit einer Handbewegung zum Wieder-Platznehmen ein, und wir blieben noch eine halbe Stunde.

Sonst, wenn ich das Wort Florenz hörte, war mir immer, als ob aus grauem Frühlingswolkenflor ein strenger Strahl aufglänzte. Jetzt aber herrscht hier eine Art Friedhofsruhe. Man sieht wenig Fremde, nur sehr viele deutsche Offiziere und Soldaten. Die Not ist vielleicht nicht größer, aber offenkundiger als in Rom; nie hoben sich einem so viele Hände bittend entgegen. Natürlich sind auch hier alle Gemälde längst aus den Galerien entfernt und alle plastischen Bildwerke mit dicken Betonmauern umbaut, auch die Gestalt der Nacht, die mir immer die tröstlichste war; es ist aber, als gäbe sie sich durch den zementenen Kerker hindurch den Seelen, die ihr angehören, nur noch inniger zu erkennen –

Der Meister fand sie einst im weißen Stein,
Dem schimmernden, in dem sich Leichenblässe
Mit Glanz des Lebens feierlich vereint,
An ihr gehn die Jahrhunderte vorüber . . .

Ach, jede Reise im Abendland ist heute ein großes Abschiednehmen; nie wieder wird es uns das Antlitz zeigen, das uns vertraut war. Vom Chor der schönen Bilder schließen wir uns aus, und wenn diese einst wieder ans Licht emporsteigen, liegen wir Alten in unseren Särgen; den Kommenden aber zeigen sie vielleicht ein Medusengesicht.

Ich wohne wieder in dem sehr einfachen Gasthof Fenice; er läßt einem alle Freiheit, und niemand vermutet mich hier. Es gibt keinen Mittagstisch, nicht einmal einen Frühstücksraum. Ich meldete mich bei Dr. Heinrich Bodmer an und versprach, mit der Vorlesung pünktlich zu beginnen; dann verließ ich das Hotel und umging die großen Plätze, wo Tausende den Lautsprecher umstanden, um aus kriegerischen Reden und Gesängen womöglich noch ein wenig Hoffnung zu schöpfen.

Ein heißer Wind, von dem die Nerven angegriffen waren, legte sich endlich; bald wusch ein warmer Regen die verstaubten Ölbäume und machte das Weinland grün. Am Ende einer langen Vorstadtgasse sah aus der Ferne ein ginstergoldener Berg herein; ihm vorgelagert war ein Hügel, auf dem hellgraue Rinder weideten.

Eine weiße Villa mit geschlossenen Fensterläden stand hinter einem menschenleeren Garten, in dem beinahe nichts Farbiges blühte. Nur eine Zypresse war bis zur Spitze hinauf mit Wistarien umwickelt, so daß der Wipfel sich unter der blaßvioletten Blumenlast neigte; sonst sah man nur Palmen, Steineichen und andere immergrüne Gewächse, darunter einen weißen Flor von Lilien, Levkojen und Astern. Auf Kieswegen trippelten weiße Pfauentauben, ich wäre nicht verwundert gewesen, auch Grabtafeln und Kreuze zu finden.

Später kam ich zur Piazza Pitti und dann zum Ponte Vecchio. Von den vielen Goldschmiedlädchen gefiel mir eines besonders. Ich blieb stehen und suchte einen Ring für Eva. Endlich kam der Besitzer heraus, ein höfliches altes Männchen, und fragte ganz unaufdringlich nach meinen Wünschen. Ich ging mit ihm in den Laden, wo auch seine Frau anwesend war. Als ich sagte, der Ring sei für ein zwölfjähriges Mädchen bestimmt, wollten sie wissen, ob es blond wäre; ich zeigte ihnen das letzte Bildchen, da wechselten sie einen Verständigungsblick und brachten eine Auswahl. Beide rieten mir zu einem ziemlich billigen und blieben dabei, auch als ich sagte, der Preis spiele keine Rolle. Sie hatten recht, es kam wirklich kein anderer in Betracht. Das goldene Reifchen ist schmal und hat einen einzigen Türkis; doch dieser ist aus Nischapur und leuchtet in einem unglaublich reinen Himmelblau.

Beim Bezahlen merkte ich, daß mir die Brieftasche fehlte, fand jedoch im Rock noch Lire genug, um die Schuld zu begleichen. Ich vergegenwärtigte mir alle Aufenthalte des Tages und kam zu der Vermutung, die Tasche könnte beim Mittagessen im Ristorante Baldini liegengeblieben sein. Sie enthielt meinen Reisepaß und den ganzen Betrag des Kreditbriefs. Bis zur Vorlesung waren noch zwei Stunden; ich trat sofort den Rückweg an. Die Gaststätte liegt nicht weit von Santa Maria Novella; Frau Baldini saß an ihrem Geschäftstisch und bemerkte mich gleich. Sie griff lächelnd in eine Schublade und hielt mir von weitem das grünlederne Mäppchen entgegen. Dieses unverhoffte Glück nahm ich als gutes Omen, ließ mir eine kleine Karaffe Vino di Orvieto geben, hatte Zeit, mich umzukleiden und traf noch früh genug zum Vortrag ein, dem der schnell getrunkene Wein nicht schadete. Nur in den Anfang schien was Koboldisches hereinzuspuken; ein graubärtiger Herr in der vordersten Reihe erlitt einen Hustenanfall, der jedem Unterdrückungsversuch widerstand. Auch Vers und Prosa bewiesen keine Heilkraft; es war ein Fall für irdische Mittel. Mir fiel ein, daß noch etliche Paracodintablettchen in der schwarzen Weste stecken müßten; ich unterbrach an passender Stelle das Lesen, verneigte mich gegen den Gepeinigten, rühmte ihm das Mittel als unfehlbar und riet ihm, es zu gebrauchen. Lächelnd und hustend kam er heran, während eine Welle bezähmter Fröhlichkeit den Saal durchlief, schluckte das Plättchen mit Hilfe des Wassers, das für den Sprecher auf dem Pult bereitstand, und war nach einigen Minuten von der Kehlkopfkitzelqual befreit. Nach beendetem Vortrag traf ich den Baron von Fraumberg, den ich von einem früheren Leseabend her kannte. Er sagte, er habe mir den Gruß eines Herrn zu übermitteln, der durch ein Mißbefinden verhindert gewesen sei, zu kommen; ich sah ihn fragend an, und er nannte den Kronprinzen Rupprecht von Bayern. Dieser lebt in einem heimlich über ihn verhängten Exil bei Fraumberg, seinem einstigen Adjutanten. Ich erhielt eine Einladung zum Abendessen für den folgenden Tag.

Vorderhand gab mir der Weg zum Hotel durch die stockdunkle Stadt noch einen weiteren Begriff der Verelendung. Baldini hatte schon geschlossen, und in den großen Speisehäusern war alles aufgezehrt. Mein Wunsch nach einem Stück Brot in so später Stunde rief geradezu die Entrüstung eines

Kellners hervor; es war aber erst elf Uhr. Eine halbe Stunde später jedoch versank alles in Schlaf, auch das Hungergefühl, das ich am andern Morgen in einem Café nahe der Loggia dei lanzi mit einer zweifelhaften Schokolade und etwas altem Gebäck eher neu erregte als niederhielt.

Mittags war ich Gast in der Pension von Münchhausen, die jetzt von der Baronesse Heidi von Breitenbuch und Dr. Henrich geleitet wird. Sollte uns, was wir ja kaum erwarten dürfen, nach dem Krieg Italien zugänglich bleiben, so müßten wir einmal gemeinsam einen Frühling in dieser Villa Pazzi feiern. Sie liegt, leicht erreichbar, ein wenig vor der Stadt, umgeben von weiten Gartenanlagen, die stellenweise in Olivenhaine und Getreideland übergehen. Hier sah ich manches zum ersten Mal, so den Judasbaum, dessen Purpurblütenfülle immer schon vor dem Laub hervorbricht, jetzt aber bereits in braunrote Schoten verwandelt war, ferner, an einer kleinen Marmorbank vorbeischillernd, eine riesige Smaragdeidechse, wie mir keine je begegnet ist. Dr. Henrich erzählte von dem Glauben der Bauern, wonach zwischen den ganz großen Formen dieser Echse und den Giftschlangen grimmige Feindschaft bestehe, und zwar soll sich die Schlange vor der Echse fürchten, nicht umgekehrt, was freilich weder mir noch dem Erzähler einleuchten wollte. Ja die Volksphantasie versteigt sich sogar zu der Einbildung, die Eidechse kitzle den im Grase eingeschlafenen Menschen mit dem Schwanz im Ohr, um ihn zu warnen, wenn eine Viper heranschleiche, aber da beginnt schon das Märchenreich.

Eine Unterhaltung nach Evas Geschmack würde die Ölmühle sein, die mir vor dem Mittagessen gezeigt wurde; sie besteht aus einer hydraulischen Presse, die den Saft aus den Oliven treibt. Will man nur eine Ware von durchschnittlicher Güte erzielen, so wird die Fruchtmasse vorher erwärmt und zu Kuchen vorgepreßt. Um aber das allerfeinste Speiseöl zu gewinnen, muß man das kalte Verfahren anwenden, damit keine bitteren oder wertlosen Stoffe in die kostbare Flüssigkeit hineingelangen. Die Mahlzeit nahmen wir im Freien an einem Tische mit den wenigen Gästen ein, die sich trotz der Kriegsnot noch in dem schönen Heim zu halten vermögen. Das Wort ›Auf Wiedersehen‹, das man einander beim Abschied sagt, hat mir noch nie so hohl geklungen wie auf dieser Reise; fast nie mehr findet man den Mut, es auszusprechen.

Kronprinz Rupprecht wohnt jenseits des Arno in der langen, düsteren Via San Niccoló. Ich war wieder einmal zu früh daran und ging in der sonntäglich leeren Straße auf und ab, bis es sieben Uhr schlug. In diesen Minuten des Wartens drang es mir so recht ins Bewußtsein, daß der Mann, der da im dritten Stock irgendeines Hauses als Untermieter sein Alter verbringt, eigentlich mein König war, und da mir das Wort Königtum von Kindheit auf kein leerer Schall gewesen, so fühlte ich mich sehr bewegt, als mir droben in einem bescheidenen Zimmer der Verbannte, aber sichtlich Ungebeugte die Hand gab. Mit den freundlichen Fahnen in Weiß und Blau, die wie ein zweiter Himmel über den Festen unserer Jugend wehten, ist ja noch manches andere Schöne dahingegangen, das wir erst erkannten, als es uns genommen war.
Außer dem Kronprinzen und dem Baron nahm niemand am Abendessen teil; auf dem kleinen Tisch hätte auch kaum ein viertes Gedeck Platz gehabt. Stoff zu Mitteilungen und Erwägungen bot uns die schreckliche Zeit genug. An Rupprecht hatte ich zu bewundern die natürliche Würde, das Rechtliche und Maßvolle seiner Äußerungen, denen ich, als Leser seiner indischen Reisebilder, anzumerken glaubte, daß er östliches Denken in sich verarbeitet hat. Jahrelang mag die Weisheit der Veden und der Baghavadgita als bloßes Wissen in ihm gelegen haben, bis die Prüfungen, die sein Leben erschütterten, diese Samenkörner zum Keimen brachten, so daß ihm ihre Essenz ins Blut überging, und das verleiht seiner ursprünglich soldatisch bestimmten Natur jenes vaterhaft Königliche, das wir an den heutigen Machthabern ganz und gar vermissen. Sein Wesen ist noch sehr elastisch, und wenn auch die Geschichte dieser Dynastie als ein abgeschlossenes Buch vor uns liegt, so bleibt doch ein Bedauern darüber, daß die Reife, die Erfahrung des im Unglück

geläuterten Fürsten seinem Volke nicht mehr zugute kommen soll. Als Kränkung scheint er es empfunden zu haben, daß sein jüngster Sohn Heinrich, der zweimal nach Bayern zurückkehren wollte, um seiner Wehrpflicht zu genügen, beide Male am Brenner von der deutschen geheimen Staatspolizei zurückgewiesen worden ist. Rupprecht vermutete, dies sei geschehen, um später den Vorwurf der Feigheit gegen das Haus Wittelsbach erheben zu können, lächelte jedoch schweigend, als ich äußerte, daß nach meinem Gefühl ein Ausgeschlossensein von diesem Krieg nicht allzu bedauerlich wäre; aber nun kam zur halb offenen Tür eine dunkel gekleidete Dame mit dem Prinzen herein, von dem eben die Rede gewesen, und die beiden setzten sich noch eine Weile zu uns. Du wirst dich wundern über mein Geständnis, daß ich bis zu dieser Stunde nicht weiß, ob die schöne nur ganz wenig ergraute Frau mit den leidenden aber getrosten Zügen, die neben mir Platz genommen hatte, die Kronprinzessin war oder nicht; doch schien mich Prinz Heinrich manchmal mit ihren braunen Augen anzusehen. Aus dem Gespräch ging hervor, daß er hier seinen Studien obliegt; er ist ein schlanker junger Mann von sehr gesammeltem Wesen, auf zwanglose Weise zurückhaltend, man faßt gleich Vertrauen zu ihm. Wundersam, wie von diesen Menschen trotz ihrer Vereinsamung jener Geist festlichen Lebens ausgeht, den einst der Dichter Hans Brandenburg als das eigentliche Wesen der Stadt München bezeichnet hat. In der freundlichen Art, wie sie mit mir umgingen, spürte ich ihr Heimweh nach dem Vaterlande, von dem ein eifersüchtig düsterer Wille sie fernhält. Die Dame sprach wenig, doch ihre gütige Natur war wie ein Licht in der zunehmenden Dämmerung des kleinen Zimmers. Als ich mich nach elf Uhr empfahl, betrachtete sie mit Besorgnis meinen leichten Anzug, wies auf die kaltwindigen Florentiner Abende hin und wollte mir durchaus einen Mantel mitgeben, was ich natürlich nicht annahm.

Seit ich Deinen Brief empfing, reisen immer Gartengedanken mit mir. Daß in der Blutbuche so dicht beim Haus die scheuen

Wildtauben nisten, soll uns als eins der guten Zeichen gelten, die uns noch manchmal erscheinen. Und wer hätte geglaubt, es würde in den erst aufgeworfenen zwei Beeten doch schon einiges gedeihen! Für die Sommerblumen ist aber das Erdreich zu schwer; wir müssen es mit Kalk und viel Sand vermischen, am besten mit Innsand. Verblühten Rittersporn schneidet man über den Wurzeln ab, dann blüht er im Herbst noch einmal.

Heute früh war ich noch nicht mit dem Ankleiden fertig, da klopfte der Kellner, gab ein mit Bleistift geschriebenes Kärtchen ab, auf dem ich nur den Namen Lavinia lesen konnte, und sagte, eine junge Dame erwarte mich in der Halle. Ich ließ mir Zeit, zu jeder Art Abwehr entschlossen, die aber nicht notwendig war; es bestätigte sich nur wieder, daß man von gewissen Dingen sein Leben lang nicht loskommt. Gar so jung war übrigens die Fremde nicht mehr, sie trug Trauerkleidung, hatte rotblondes Haar, graublaue Augen, einen strengen Blick und einige scharfe Linien um den Mund, um so schöner war ihr Lächeln, solche Menschen haben nie ein leeres Lächeln. »Ich war in Ihrem Abend«, sagte sie, »und hörte Sie die Verse an eine Katze sprechen; auch haben Sie uns von dem Gekrächz des alten Herrn befreit. Das ermutigt mich, Sie zu konsultieren. Ich habe nämlich eine Patientin.« Sie zog ein blaues Tuch von einem flachen Korbe weg, den sie neben sich auf den Boden gestellt hatte, da lag halb aufgerichtet, sich lässig putzend, eine weiße Angorakatze, ohne die leiseste Beunruhigung zu zeigen. Ihre Augen waren wie Marienglas, das mit goldgrünem Stanniol unterlegt ist. Mit einem leisen fragenden Laut wandte sie sich ihrer Herrin zu, die über sie berichtete: »Es fehlt ihr nichts als der Hunger«, sagte sie, als ich die Schönheit des Tieres rühmte; »etwas Milch ist alles, was sie noch annimmt. Ihre früheren Lieblingsgerichte von Fleisch und Fisch rührt sie nicht an, und Mäuse und Vögel dürften ruhig um sie herumpiepsen. So wird sie schwächer und schwächer ... Aber sehen Sie, sie putzt sich wieder. Eitelkeit, das scheint der Sinn zu sein, der sich am längsten erhält.« Ich stellte noch einige Fragen und gab natürlich auch Ratschläge, obgleich ich nicht an ihre Wirksamkeit glaube. Die wunderbare Katze hat aufgehört, ein Raubtier zu sein; sie mutete mich an wie die letzte Zeugin einer längst ausgestorbenen Art.

TAG IN MÜNCHEN

Wer geraden Weges aus Rom oder Florenz kommt, wird immer geneigt sein, in der ersten deutschen Stadt, die ihn aufnimmt, das Italienische zu suchen, es womöglich in sie hineinzusehen. Als ich aber nun in München eintraf, drängten sich wieder die Kriegserscheinungen vor. Während meines kurzen römischen Aufenthalts war nicht viel zu bemerken gewesen: Trauer und Not verbargen sich dort unter Blumen ohne Zahl, unter einer Scheinfülle der Auslagen, unter Singsang und Geplauder des lichtgesegneten Volks, und wo die alten Ruinen so herrlich sind, hätte man sich am Ende damit abgefunden, wenn ein paar neue hinzugekommen wären. Rom, das große, verwandelbare, fühlt sich als ewiges Wachstum, ewige Gegenwart; sein Alter ist es, das es jung erhält, jedem Kinde merkt man es an. Unbewußt glauben die Römer heute noch an die Schutzgeister ihrer großen Jahrhunderte; sie erhoffen sich Beistand von den Scipionen, von Julius Cäsar, vom Schöpfer der Sistinabilder, von den heimlichen Strahlungen der Katakomben, und wenn sie den Vatikan auch gelegentlich bewitzeln, so vertrauen sie doch auf sein stilles Walten. Ohne sichs recht einzugestehen, haben sie es dem Papst hoch angerechnet, daß er seit Kriegsbeginn, auch in den heißesten Sommern, auf die Erholung im Castel Gandolfo verzichtete, weil er gleich ihnen der Meinung war, seine Gegenwart schütze Rom vor Gefahren. Groß und klein wußte, daß Pius XII. auf hartem Lager schlief, nur wenig leichte Speise genoß und halbe Nächte schreibend und betend verbrachte. Auch daß ihn Roosevelt in einem Brief als dear friend angeredet hat, war weiten Kreisen bekannt, und der Kriegszustand, der zwischen Italien und Amerika herrschte, hinderte keinen Römer, sich über diese Titulierung zu freuen.

Die Furcht vor Luftbomben war in Rom zuweilen groß; dennoch verwandte man dort nicht viel Zeit und Geld auf Bunkerbauten. Mit Rom würde ja die Welt untergehen, Morgen- und Abendland; die Stunde einer solchen Katastrophe konnte noch nicht gekommen sein, dies war das allgemeine Empfinden.

In der Villa Sciarra war von einem Luftangriff auf München die Rede gewesen; so hatten Sorgen um die heimatliche Stadt meine Nachtfahrt begleitet, bis endlich über dem durchleuchteten Nebel des Oktobermorgens die Frauentürme standen, das ehrwürdige Wahrzeichen der Patrona Bavariae, da überwog die Freude über das Erhaltensein des alten Doms alle Befürchtungen.
Übernächtigt, dennoch erfrischt stieg ich aus und bezog im Deutschen Kaiser das bestellte Zimmer. Mit meinem Sohn gewann ich telefonische Verbindung, erfuhr, sein kleines Atelier an der Augustenstraße habe den Angriff überdauert, und versprach meinen Besuch für den späten Nachmittag. Auf dem Tisch des Hotelzimmers lag ein Paket, aus dem ein runder Wecken Brot zum Vorschein kam, und gleich duftete der ganze Raum nach Niederbayerns friedlichen Roggenfeldern. Unter den Briefen fand sich einer von Professor Rabe, dem Direktor der Sternwarte; er enthielt die Erlaubnis, am Abend, ja eigentlich nachts, das Institut zu besuchen.
Auf dem Sofa, nur mit dem Mantel bedeckt, war ich eben am Einschlafen, da fiel mir ein kleiner Kupferstich in die Augen, der gegenüber an der Wand hing, ein hübsches Bild von der Pyramide des Cestius, und das machte mich für einen Augenblick wieder munter: war ich doch noch vor fünf Tagen, begleitet von Dr. Carl Lamb, dort gegangen! Wie lebte das noch im Innern: die alten Zypressen und Pinien im herbstlichen Schein, darunter die hellrot blühenden Oleanderbäumchen um das Grab der kleinen Humboldt-Tochter, und etwas entfernt in dem berühmten Friedhof, die Ruhestätten von Shelley, Keats, von Hans von Marées, vom Sohn Goethes und anderen Unvergeßlichen. Ich wollte das Grab des Julius Sandmeier besuchen, des Übersetzers

nordischer Erzähler, dessen Gast ich noch vor einem Jahr gewesen; wir fanden es an der oberen Mauer: auf dem Bruchstück eines antiken Frieses stand einfach der Name, den Hügel verbarg schon dichtes Efeugeflecht. Schließlich hatte Dr. Lamb noch mit dem alten Friedhofwärter gesprochen, der vor einigen Jahren vermöge guter Beziehungen Staatsbeamter geworden, dann aber freiwillig in seinen früheren Dienst zurückgekehrt war. »Io sto meglio coi morti« sagte er, ich stehe mich besser mit den Toten.

Ich dachte nach, was für berühmte Verstorbene wohl in Münchener Friedhöfen ruhen; doch schon erfaßte mich der Schlaf, nur einer fiel mir noch ein, Josef von Fraunhofer, der jung dahingegangene Genius, der uns durch seine geheimnisvolle Linienschrift für immer bewiesen hat, wie nahe wir der Sternenwelt verwandt, ja, daß wir eins mit ihr sind.

Ich erwachte nach einer Stunde und fuhr mit der Straßenbahn zum Marienplatz, um von dort aus ins Theresienviertel zu gehen und später ins Hotel zurückzukehren.

Seit Kriegsbeginn bestanden die Fensterscheiben der Straßenbahnwagen aus bläulichem Verdunklungsglas, in welchem ein mäßig breiter Streifen farblos gelassen war. Man hat viel über die heilenden und belebenden Wirkungen der Himmelsfarbe geschrieben; aber dieses blaue Halblicht schien jede Glücksregung zu dämpfen. Es nahm den Anlagen draußen die Frische des Grüns, und sogar wenn lachende Menschen beisammen standen, wars, als träumte man sie nur. Um so greller leuchtete alles herein, was man zwischen den blauen Flächen durch das gewöhnliche Fensterglas erblickte. Im Innern des Wagens aber hatte der Zufall ein unentstelltes München zusammengetragen. Nach wochenlangem Leben unter Südländern sah ich mit Vergnügen in manches eckige, treuherzig verschmitzte Gesicht und stellte wohl auch einmal irgendeine Frage, nur um die behaglich derbe Mundart wieder zu hören, die mir zeitlebens die vertrauteste bleibt.

Eine der unvergeßlichen Kriegserscheinungen waren die Straßenbahnschaffnerinnen; sie ließen besonders gut erkennen, wie die Stadt mitten im Unheil noch immer ihr Antlitz

bewahrte. Hübsche Mädchen waren darunter, viele mit gepflegtem Äußeren, und bei mancher saß die abgenutzte Dienstmütze auf künstlich gewelltem glänzendem Haar; doch sah man auch ältliche Frauen mit lederbraunen, zerknitterten und vergrämten Gesichtern; andere waren zwar jung, aber müde und bleich, und das blaue Wasserkastenlicht gab ihnen ein doppelt leidendes Aussehen. Alle aber glichen sich in der Gewissenhaftigkeit, mit der sie, immer stehend, ihren schweren Dienst versahen, in der Geduld, mit der sie Groschen abzählten, den körperlich Behinderten halfen, Fremden Auskunft gaben, töricht Fragende zurechtwiesen. Wer freilich ihre Gutmütigkeit mißbrauchen und rücksichtslos gebieterisch auftreten wollte, für den hatten sie Kernworte von überraschender Schlagkraft bereit.
Vom Marienplatz ging ich zur Frauenkirche. Die Uhr an dem nördlichen Turm war durch die ungeheuere Erschütterung stehengeblieben; sie zeigte noch die Stunde des Überfalls. Die Trümmer der Dechantenhäuser, die beim ersten Angriff zugrunde gegangen waren, hatte man schon weggeräumt, die vom Luftdruck zersprengten Fenster der Kathedrale durch neue ersetzt. Zum Glück sind die vernichteten bereits Ersatzfenster gewesen. Heute klang der gotische Ziegelsteinbau von Musik; ein Requiem hatte begonnen, als ich eintrat. Altar und Priester waren mit Paramenten von Schwarz und Silber angetan, und diese Todesfarben trug auch die Prunkdecke, die den hohen Katafalk verhüllte. Er war mit Kränzen und Sträußen umlegt; oben brannten Kerzen auf silbernen Leuchtern. Zwischen diesen lag, mit Lorbeer geziert, ein Sturmhelm; der Trauergottesdienst galt also einem gefallenen Soldaten. Übende Flieger, welche gerade die Stadt überquerten, mischten ihren kriegerischen Maschinenton in den vollen Orgelklang, und als nun der Chor mit schauerlich gedämpften Stimmen das alte ›Solvet saeclum in favilla‹ sang, da mochte sich ein bedrängtes Herz wohl fragen, ob jener Tag des Zornes nicht bereits angebrochen sei.
Die Kirche füllte sich; bald war ich dicht von dunkel gekleideten Andächtigen umgeben. Es mußte eine bekannte Münchener Familie sein, die da einen der Ihrigen feierte. Ließ ich

mein Gedächtnis in die Jugendzeit zu ähnlichen Totenämtern zurückwandern, so fiel mir ein Unterschied auf. Der große Ernst in den Gesichtern, auch die unverhüllte Gebetsinbrunst waren früher nie so allgemein gewesen, und als der Mesner herumging, um Opfer für die Wiederherstellung beschädigter Gotteshäuser einzusammeln, da staunte man über die Fülle der Gaben. Wenn einstmals bei der Oblation Kupfer- und Nickelmünzen dürftig klimperten, so sah man heute den Kirchendiener in Verlegenheit, wie er in seinem roten Samtbeutel die vielen hochwertigen Geldscheine unterbringen sollte, die ihm von rauhen und verwöhnten Händen dargereicht wurden.

Als das Agnus dei verklungen war, bewegten sich viele Besucher nach links gegen eine Sakristei hin, aus der man durch ein kleines Portal ins Freie gelangt. Ich ließ mich mitschieben und stand bald mitten in jenem Nebenraum. Hier verlangsamte sich der Zug; die Personen traten einzeln auf eine seitlich stehende Trauergruppe zu, verweilten dort einige Sekunden und verließen die Kirche. Es waren Angehörige des Toten, die hier, nach katholischer Sitte, die Teilnahmebezeugungen ihrer Verwandten und Freunde entgegennahmen. Ich kannte die Familie nicht, war aber schon zu weit in ihren Gesichtskreis geraten, um noch auf schickliche Art aus der Reihe treten zu können. Zum Glück war mein grauer Reiseanzug unter einem schwarzen Mantel und mein heller Schlips unter einem Schal verborgen, der sich jenen Paramenten einigermaßen anglich; dazu hatte ich einen schwarzen Hut, und überhaupt ging es im vierten Jahr der Kriegskleiderkarte nicht mehr so genau. Ich verneigte mich vor einer schwarzverschleierten Dame, wohl der Mutter des Gefallenen, fühlte den Druck meiner Hand kräftig erwidert und erfuhr das gleiche beim Vater, einem ergrauten Offizier mit Achselgeflechten und Orden, der unbeweglich dastand und mir mit kühlen blauen Augen ruhig ins Gesicht sah, sodann bei einigen jungen Leuten, unter denen sich eine zarte Blonde befand, in deren Blick eine kleine Verwunderung nicht zu verkennen war.

Wie warm, wie sonnenhaltig war das Gelb an Münchens vornehmen Häusern! An einigen haftet es heute noch. Da und dort begann es bereits im ersten Kriegsjahr abzublättern, und es gab keine Handwerksleute mehr zur Instandsetzung; aber dieses Deutlichwerden der Verhängnis erhöhte nur seinen Reiz. In dem silbrigen Vormittagslicht konnte sich manches Gebäude der Brienner Straße getrost mit den Palazzi Veronas oder Parmas vergleichen. Wenn aber die wesentlichen Bauwerke einer Stadt vergehen, so schwindet mit ihnen auch die Atmosphäre, in der die traurigen und freudigen Stimmungen der Bewohner aufgelöst sind.
Mein Ziel war die Theresienstraße, wo ich im Café Stephanie einkehren wollte. Jemand hatte das Unwahrscheinliche behauptet, es gebe dort noch echten Tee und Gebäck von Weizenmehl; dies war aber noch vor meiner Italienfahrt gewesen. Zuerst machte mir auf dem Weg ein Mangel an Abgehärtetsein zu schaffen. Schon die leeren Postamente, von denen die metallenen Standbilder herabgenommen waren, um in Geschütze verwandelt zu werden, boten ein trauriges Bild. Straßen und Plätze waren von Ziegelmehl wie von rotem Flugsand gestreift. Eine Weile sah ich so selten wie möglich nach rechts oder links, wenn ich durch wahre Alleen zerbrochener Häuser ging. An einem wohlbekannten, völlig ausgebrannten Geschäftshause war der vertraute Name des Eigentümers in eine Streu goldener Buchstaben auseinandergefallen; in einem Kastanienwipfel hing eine glänzende Kuppel aus Messingblech, von irgendeinem Dach abgerissen und hinaufgeschleudert. Aus einem Gebäude hängt ein ganzes Stockwerk heraus, da fühlt man, wie jede Wohnung eine Welt mit eigener Unterwelt ist, und nicht nur der Anblick der Zerstörung fällt uns auf das Herz, wir glauben auch die Gedanken der entflohenen Bewohner zu spüren, die sich um sie sammeln.
An der Ecke von Theresien- und Amalienstraße ließ mich die zum Teil erhaltene Fassade zunächst übersehen, daß das freundliche Lokal, dem die Münchner den Spitznamen ›Café Größenwahn‹ angehängt haben, nicht mehr bestand. Hinter der Mauerruine war aus Asche, Schlacken und verkohlten

Balken ein Haufen geschichtet, aus dem Eisenschienen ragten, erwärmten Kerzen gleich verbogen. In Brand und Einsturz des Hauses hatte sich ein kleiner Teil der Decke des Cafés erhalten; von diesem hing unbeschädigt ein Kronleuchter herab, dessen unterste Kristalle den Schutthügel berührten. Von den hohen Fenstern aber, den roten Plüschbänken, den Tischen, den Billards, den wandgroßen Spiegeln sah man nur noch Fetzen und Splitter. Um so bereitwilliger sprang jetzt Erinnerung ein: der wienerisch gehaltene Versammlungsort vieler Schriftsteller und Künstler, die Geburtsstätte unzähliger geistreich witziger Einfälle, stieg mit aller Lebensklarheit im Gedächtnis auf: dort, unter dem Lüster hatte oftmals in seinem fahrbaren Krankenstuhl der gelähmte, langsam erblindende Graf Eduard von Keyserling, der seelenkundige Erzähler aus Kurland, mit seinen Freunden den Tee genommen, bequem und elegant angezogen, den Adamsapfel stark vorspringend über der seidenen Halsbinde, das immer mehr eingehende Gesicht stark beteiligt seinem Gegenüber zugewandt und über den eigenen Zustand hinweglächelnd.
In der Mitte des Raums erhob sich zuweilen das kühne dunkellockige Haupt eines bleichen, seherisch redenden Mannes, der im Ausdruck dem zürnenden Moses des Michelangelo nicht unähnlich war, bis er auf einmal eine schwarzumrandete Brille aufsetzte, dann war es der damals noch vollbärtige Karl Wohlskehl. Oft hatte ein jüngerer ihm zugehört, um schließlich mit besonnenem Eifer zu erwidern, unverkennbar ein Sohn des altbayerischen Stammes, fast mönchisch in seinem schwarzen Rock, aber doch so recht, was Goethe eine Natur genannt hätte, auf untersetztem Körper ein mächtiger Kopf mit Gnomenbart, hellgrauem Forscherblick und eigenwillig klarer Stirn, das Gesicht voll zurückgehaltener Energie, die aus dem Blute kommt, aber sich unablässig zu vergeistigen strebt, von Gutherzigkeit durchleuchtet. Hans Ludwig Held war dies, der Schöpfer der städtischen Büchereien, die heute wieder in seine Hände zurückgegeben sind. Großer Eingeweihter im Gartenreich der Schriftwerke hielt er seit Jugendjahren Kindergeschichten, Märchen und Le-

genden stets der gleichen Pflege wert wie die hohe Dichtung alter und neuer Zeit. Er gemahnt an die elbischen Wesen, die dem Hause Segen bringen, das sie in Ehren hält. Ihr Element ist das heilige Herdfeuer, das nicht ausgehen darf. Wer sie entläßt, den verläßt das Glück.

An einem der großen Fenster, wie in einer Auslage, waren oft junge Maler zusammengekommen, und wenige Gegenstände der Einrichtung fehlten mir jetzt so sehr wie die runden Marmorplatten ihrer Tische, die sie mit reizenden Blei- und Kreidestiftzeichnungen bedeckt hatten. Einst waren die Münchener Künstler durch Sammetjacken und lange Locken weithin kenntlich gewesen, die neuen aber unterschieden sich im Äußeren keineswegs von anderen Leuten. Mit ihren Aufgaben nahmen sie es jedoch nicht minder ernst; ja leidenschaftlich rangen sie um eine tiefere Schau der Dinge, alle waren sie jenem französischen Maler verwandt, der eine Reise nach England nur unternahm, um zu erfahren, wie sich eine gewisse zarte Abstufung von Grün auf die Leinwand bringen ließe.

Die kleinen Scherze auf den weißen Marmorscheiben der Kaffeehaustische waren Eingebungen des Augenblicks gewesen; aber obgleich keiner seinen Namen dazusetzte, erriet man doch so bestimmt, als wärs ein Fingerabdruck, von jedem Bildchen die Herkunft. Da hatte man ein Farbenspiel gesehen, das nur von Paul Klee stammen konnte: kleine Felder von Gelb, Rot und Hyazinthenblau, vergleichbar einem sichtbaren Spektrum, das für ein unsichtbares zeugt, Gruß aus unbekannter, doch unverkennbarer Welt. Max Unold hatte eine feine, sehr ausdrucksvolle Hand gezeichnet, die auf der leeren Seite eines aufgeschlagenen Buches eben selbst zu zeichnen beginnt; darüber war von Rolf von Hoerschelmann mit wenigen Schilf- und Binsenstrichen eine verborgene Bucht seines geliebten Starnberger Sees angedeutet. Alfred Kubin, der manchmal als Gast aus dem Innviertel herüberkam, hatte seine Dämonie unter einer Maske von Gemütlichkeit versteckt und sich selbst als fröhlichen Gast entworfen, der eine angebissene Brezel in der Hand hält, aber dabei seltsam geisterhaft auf einen Jemand blickt, den man nicht sieht. Etwas abseits war ein einziges kleines Bild in verhaltenen Farben zu sehen gewesen: von Dunkel umgeben ein Ornament aus Fichtengezweig mit vertraulich eingeschmiegten Rehen, das Ganze durchspielt von weihnachtlichem Winterwaldlicht, ein zarter Traum der Dora Brandenburg.

Unter einem der großen Spiegel hatte um die Jahrhundertwende eine Gruppe junger Dichter ihr Standquartier errichtet. Leise sprechend saßen sie vor ihren Gläschen mit smaragdfarbenem Absinth, den sie nicht etwa genossen, weil er ihnen sonderlich schmeckte, sondern dem Gedächtnis Paul Verlaines zu Ehren, dessen Lieblingsgetränk jener bittere Likör gewesen war. Was diese jungen Poeten für eine Weile gesellig verband, war die Mitarbeiterschaft an einem Jahrbuch lyrischer Wortkunst, das Richard Scheid unter dem Titel Avalun herausgab. Es war ein strenges, reines Bemühen: jedem Dichter gehörte ein eigenes Heft, und weder der bloßen Unterhaltung noch dem betrachtenden Aufsatz war der geringste Raum zugestanden, nur das Rhythmische durfte erklingen. Gedichte Rilkes, die später berühmt wurden, erschienen hier zum ersten Mal; auch Leo Greiner, Wilhelm von Scholz, Wilhelm Michel, Otto Falckenberg, Heinrich Lautensack, Emil Rudolf Weiß haben diesen Blättern ihre frühen lyrischen Ernten anvertraut. Um Dichter und Künstler herum saßen oft einsame alte Leute, schrieben Briefe, lasen mitgebrachte Bücher und sandten zuweilen freundliche Blicke zu jenen jugendlich genialischen Feuern hinüber, an denen sie sich wohl gern ein wenig wärmten. Unverbraucht war auch noch das Gefühl für den Rang der Schaffenden, und wenn etwa draußen stolz versonnen Ricarda Huch mit gelbseidenem Sonnenschirm vorüberging oder der früh alternde Stefan George, dessen Kopf mich bald an eine holländische Greisin erinnerte, deren Bild in irgendeiner Sammlung hing, bald an den Evangelisten Johannes, so dämpfte sich das Gästegesumm, und es tippte wohl einer seinen Nachbarn auf den Arm, zum Hinausschauen mahnend.

Auch kam es vor, daß raschen Schrittes ein Herr über die Straße ging, unauffällig tadellos gekleidet; man konnte ihn, falls man überhaupt auf ihn achtete, für einen Vertreter der Großindustrie halten, der sich auf dem Wege zur Aufsichtsratssitzung ein wenig verspätet hatte. Schwerlich wäre ein Fremder auf den Gedanken gekommen, daß dieser eilige Gänger Zeit und Stimmung finden würde, Geschichten wie den ›Tonio Kröger‹, oder ›Gladius dei‹ oder den ›Tod in Venedig‹ zu lesen oder gar zu schreiben. Meistens war er schon außer Gesichtsweite, wenn es den Stephanie-Gästen zum Bewußtsein kam, daß dies Thomas Mann gewesen war. Dann fühlten sie, daß über dem festlich bunten Treiben der Stadt ein erkennendes Auge wachte, ein zwar heiteres, doch unerbittlich scharfes, dem nichts entging, obgleich es an allem diskret vorbeizublicken schien. Hatten andere leidenschaftlich liebende Gemeinden, so gehörte ihm früh der solide Ruhm. Ihn zu kennen war Ehrenpflicht; schon gab es auch eine Zigarre, die seinen Namen trug, und viele junge Männer, die sich gelobten, nie mehr eine andere zu rauchen. Unzählige Zeitgenossen priesen die anmutige Bosheit, mit der er sie verspottete; die mit Kunstsinn Begabten aber bewunderten die in Deutschland unerhörte Genauigkeit seiner Prägungen. Über seinen Erzählungen schwebte eine Trauer, die sich aller Illusionen enthielt; aber diese erhöhte nur ihren Reiz, und daß er viel zu ehrlich war, um Heilmittel für die Krankheiten des Zeitalters anzubieten, gewann ihm das Vertrauen der Weltleute, die sich von Täuschung und Mystik freihalten wollten.
Jenes vorurteilslose, weitherzige München, das so viele Begabungen sprießen und blühen ließ, war mir immer als ein Anfang erschienen, als das erste Stadium eines geistbestimmten Zeitalters, und es dauerte lange, bis mir begreiflich wurde, daß diese Epoche freier Entfaltung nur ein Ausnahmezustand gewesen war, der nie wiederkehren sollte.
Gegen das Ende des Ersten Weltkrieges veränderte sich die Stimmung des hübschen Kaffeesalons. Auf Stühlen und Plüschbänken ließen sich jetzt andere Gäste nieder, fremdartige, sichtlich mangelhaft ernährte, mit umschatteten Flak-

keraugen und sehr zur Schau getragener Schäbigkeit von Uniformen und Anzügen: die Zeit der Welterneuerer war gekommen. Sie waren Werkzeuge verborgener Führer, traten aber so entschlossen auf, als folgten sie den eigensten Eingebungen. Sie forderten den Umsturz der bestehenden Gemeinschaftsordnung und machten kein Hehl daraus, daß sie zu einem großen Schlag ausholen würden. Es gab alte Stephanie-Besucher, die sich durch die Eindringlinge gestört fühlten; sie entwanderten in andere Lokale. Während aber draußen auf den Schlachtfeldern die Männer fielen, ging im Lande immer unbehinderter der Hunger von Haus zu Haus, und je deutlicher der deutsche Kriegsgott eine facies hippocratica zeigte, um so häufiger ereignete sichs, daß ein bürgerlicher Gast sein heimliches Grauen überwand, den Tisch der vermutlichen künftigen Machthaber neugierig umkreiste, zuweilen den einen oder andern anzusprechen wagte und glücklich war, wenn er einer Antwort gewürdigt wurde. So meldete sich gespenstisch eine Menschenart an, die leichtherzig bereit war, alle Werte der Vergangenheit preiszugeben. Die damals Machtgierigen ahnten freilich nicht, wie bald sie von anderen, weit Gewaltsameren verdrängt werden sollten. München begann sein natürliches, fröhlich gelassenes Gesicht zu verlieren und eine politische Stadt zu werden.

Zeitlos aber an der hintersten Wand hatte jahraus jahrein der langhaarige Mann mit sokratischer Stirn und sanfter Miene gesessen, den die Leute den Pazifisten nannten, weil er stets irgendein grünes Zweiglein an seinem verfärbten Gehrock trug. Er hatte ein Recht auf diesen Schmuck, der wunderliche Stammgast; sein Tag war Arbeit, ihm blieb keine Zeit für Feindseligkeiten. Stets lagen Bogen weißen Kanzleipapiers vor ihm, auf denen er unablässig schrieb, niemand wußte, was. Man sah nur im Vorbeigehen, daß die Zeilen dicht untereinander standen, daß kein Rand gelassen und nirgends etwas radiert oder durchgestrichen war. Blickte man schärfer hin, so war man enttäuscht, denn die Schrift, die von weitem so klar und geordnet aussah, war in der Nähe unleserlich. Er mußte sehr arm sein, der Pazifist; nie konnte er seinen Kaffee selbst bezahlen, er empfing ihn von Frau Oberndorfer, der gütigen Besitzerin, als tägliches Geschenk. Dazu trank er viele Gläser von dem köstlichen Wasser, das die Stadt München sich aus nahen Bergen hereinleiten läßt. Kam es vor, daß Fanny, die blonde Kassiererin, einmal nachzufüllen vergaß, so mahnte er nicht ohne Strenge. Machte sich aber jemand den Spaß, ihn zu fragen, wie er denn die Lage beurteile, so lächelte er still in seine Schreiberei hinein und gab schließlich, ohne aufzublicken, stets die gleiche Antwort: »Sie sehen mich vollkommen ruhig. Der neue Weltplan ist so gut wie fertig. Ich weiß es, ich mache mich strafbar. Ob ich im Schatten gehe oder in der Sonne, es ist einerlei, man wird mich bestrafen. Aber Sie sehen mich vollkommen ruhig.«

Ich hörte auf, nach Erinnerungsgold zu graben und kehrte in die Bahnhofgegend zurück. In der Barer Straße sprach mich eine alte Dame an, in der ich erst nach und nach eine meiner früheren Patientinnen erkannte, eine Lehrerin aus Haidhausen. Sie war sehr verändert, ging mit gesenktem Kopf und zwinkerte mit den Augenlidern. Umständlich streifte sie den Handschuh von ihrer rechten Hand, ehe sie die meinige ergriff. Manchmal überschlug sich ihre Stimme, und nach jedem Sätzchen kicherte sie: Hihihi. Sie erzählte, ihre zwei Schwestern seien bei dem großen Angriff verbrannt, dazu ihre ganze Einrichtung samt Büchern und Bildern, ihr Pudel aber wahnsinnig geworden und mitten in die Flammen gesprungen. Ich suchte nach tröstlichen Worten; sie aber schrie mit unerwarteter Wildheit: »Soll nur alles im Feuer vergehen, alles, alles; Feuer macht saubere Arbeit, nur nichts dem Menschenpack in die Hände fallen, nicht ein Putzlumpen, hihihi!« Sie trippelte weiter, kehrte aber gleich wieder zurück und sah sich ängstlich um, ob ihr niemand zuhörte: »Haben Sie die Residenz gesehen? Nein? Eine Ruine! Ganz in der Ordnung. Wozu Residenz ohne König? Hihihi.«

Eine Nachmittagsstunde beschloß ich am Kleinhesseloher See zu verbringen. Trotz der stark zunehmenden Wärme blieb das Wetter unbewölkt; von den Telefondrähten schleierten die Glasgespinste der Marienfäden im Glanz der Luft. Welkes Ahornlaub sank auf neues Efeugrün, da spürte man Frühling mitten im Herbst. Nach und nach fielen mir an Spaziergängern Züge auf, die man wohl ein Jahr früher noch nicht bemerkt hätte; oft begegnete ein hoffnungsloser oder verstörter Ausdruck, und ganz verschwunden waren jene träumerischen wundergläubigen Gesichter junger Menschen, die der Stadt einst ihr besonderes Gepräge gegeben hatten. Keiner schien dem andern zu trauen, und wer nicht furchtsam blickte, blickte drohend.

Nicht weit von dem sanften Wasserfall, den der bekannte Eisbach zwischen künstlichen Felsgruppen bildet, ging vor mir ein kleiner Bub am Wiesenrand und bückte sich, um ein Insekt vom Gras zu streifen. Er warf es zu Boden und wollte es zertreten; es war aber ein sogenannter Schmied, der sich aus der Rückenlage, in die er geraten war, knipsend emporschnellte. Als ich bei dem Kleinen stehen blieb und ihm zur Schonung riet, versicherte er zutraulich, er wisse es von einem Kameraden, daß die feindlichen Flieger alleweil Erdäpfelkäfer herunterschmissen, die müsse man umbringen und einsammeln. Es war wohl übereilt von mir, zu sagen, er solle doch nicht solchen Unsinn glauben; er wurde gleich stutzig und warf mir einen wahren Polizeiblick zu. So wollte ich ihm denn mit ruhigen Worten begreiflich machen, daß dies ein ganz harmloser Schnellkäfer sei, konnte ihn aber nicht überzeugen. Die Fähigkeit des Tierchens, sich aus der Rückenlage hochzuschnellen, weil es anders nicht wieder auf seine kurzen Beine kommen kann, schien ihm auf besondere Niedertracht zu deuten, und wenn ich an meine Gartenkindheit zurückdachte, wo mir schon die übergroße Eile mancher Insekten verdächtig gewesen war, so konnte ich ihm seinen Irrtum nicht verargen. »Des is a ganz a beeser«, meinte er und lief davon, um keine weiteren Gnadengesuche anhören zu müssen.

Am chinesischen Turm und an der großen Esche vorüber, von der wenige wissen, daß sie als Bayerns herrlichste gilt, kam ich zum Kleinhesseloher See. Am Ufer lagen die bunten

Kähne mit nach oben gekehrten Böden aufgereiht; niemand machte von ihnen Gebrauch. Der sonst von rudernden Liebespaaren belebte See war leer; langsam näherte sich ein einziger Schwan auf der dunkelgrünen Flut; er zog seine Spur wie zwei verlängerte silberne Fittiche nach. Im Wasser spiegelten sich die Herbstfärbungen des Laubs; wie in einer Skala war immer ein Strauch noch etwas röter als der andere, und wo Karmin und Scharlach nicht ausreichten, da half eine künstliche Steigerung nach: ein Kind stand wartend neben dem letzten Gebüsch und übertraf mit seinem zinnoberfarbenen Mäntelchen das höchste pflanzliche Rot.
In der Wirtschaft am Ufer wurden zweierlei Getränke angeboten: Zitronenlimonade und Kaffee. Dieser freilich enthielt nicht ein Atom der brasilianischen Wunderbohne, jene kein Tröpfchen vom Safte der Limonenfrucht. Vom Nachbartisch blickte eine bürgerliche Familie voll Spannung herüber, als ich zwei Scheiben des heimatlichen Brotes auspackte, um zu den falschen Flüssigkeiten doch etwas Echtes zu genießen. Irgendein Umstand schien sie zu belustigen, und jetzt brachen zwei junge Mädchen in lautes Lachen aus. Im gleichen Augenblick wurde mir das roggenduftende Stück, das ich eben zum Munde führen wollte, jäh aus der Hand gerissen. Der in aller Stille gelandete Schwan hatte meinen Schmaus erspäht und war hinter meinem Rücken herangeschlichen; jetzt packte er mit schlangenwild stoßendem Schnabel die seltene Beute. Im Glauben an sein gutes Recht kam er, nach mehr verlangend, immer dichter heran; aber so gern ich dem schönen mythischen Vogel ein reichliches Opfer gebracht hätte, angesichts der aufmerksamen Zuschauer, die sehr nach mangelhafter Ernährung aussahen, mußte ich ihn kurz halten, und da er maßlos zudringlich wurde, sogar verscheuchen.

Als ich nach der Stadt zurückkehrte, legte sich schon ein leichter Nebel über die Parkwiesen, der aber nicht in die Straßen hineindrang. In der Nähe der technischen Hochschule ging eine junge Frau Arm in Arm mit einem etwa vierzehnjährigen Mädchen an mir vorüber, vermutlich Mutter und Tochter, beide von einer fremdartigen Schönheit.

Sie hielten sich dicht an den Häusern, als wollten sie nicht bemerkt werden. Von weitem hatte es ausgesehen, als trüge jede eine gelbe Blume an ihrem dunklen Kleid; es war aber etwas anderes, ein Ding, von dem ich bisher nur sagen gehört, der gelbe Stern, den sich im Hitlerstaat alle jüdischen Personen anheften mußten; ich erkannte ihn erst in der Nähe. Die beiden bemühten sich, eine gewisse Hoffnungslosigkeit, die sich in ihren Gesichtern ausdrückte, durch lebhaft leises Reden voreinander zu verbergen. Ihr Gang, ihre Haltung waren stolz und frei; sie trugen das Zeichen der Schmach und der Todesdrohung wie einen Orden. ›Der Deutsche, gut und großmütig von Natur, will niemand gemißhandelt wissen.‹ So durfte Goethe noch schreiben, und sicherlich ist es einmal wahr gewesen.

Nach fünf Uhr fand ich mich in der Augustenstraße ein. Das graue Haus war zwischen schwer getroffenen Gebäuden für diesmal stehengeblieben. Durch den Hof gehend sah ich mit Genugtuung, daß auch der graue steinerne Hirtengott, der der mich bald an Walt Whitman, bald an Richard Dehmel erinnert hatte, noch unversehrt von seinem Sockel aus in die Welt hineinlachte. Im Stiegenhaus fehlten alle die farbigen Fenster, manchmal steckte noch ein roter oder gelber Scherben in seinem Rahmen. Vor jeder Wohnung standen Säcke voll Sand und Eimer voll Wasser, um Phosphorflammen zu bekämpfen.
Meinen Sohn fand ich stark abgemagert; sein Schreibtisch war mit Bauplänen bedeckt, dazwischen lag Serafitus Serafita aufgeschlagen. Während wir uns der Freude des Erzählens überließen und uns in unseren Gesinnungen bestärkten, rieselte zuweilen ein rauher Staub auf uns nieder; er kam aus Rissen und Sprüngen, die in der Decke entstanden waren, sie setzten sich stellenweise tief in die gelb getünchten Wände herunter fort. Zwei Koffer, die, mit Adressen versehen, auf dem Boden standen, bewiesen mir, daß der Bewohner, meinen Wunsch erfüllend, sich zur Abreise rüstete. Er öffnete den kleineren und hob eine rot lackierte Blechdose heraus, die seinen eisernen Bestand an Kaffeebohnen

enthielt, dazu die türkische Mühle aus Messing; andächtig begann er das Getränk zu bereiten, das uns auf ganz neue Weise berauscht, seit es fast unerreichbar geworden ist. Behaglich sprach er von Balzac, der die weitesten Wege zu Pariser Geschäften nicht scheute, um persönlich die verschiedenen Mokkasorten einzukaufen, welche die rechte Mischung ergaben.

Einige Möbel und auch die meisten Bilder waren schon fortgeschafft; um so bedeutsamer sprach Verbliebenes an. Da hielt sich noch an der zerklüfteten Mauer Napoleons bekannte Totenmaske, die den Gewaltherrscher als einen Besänftigten zeigt, einen vom Dämon Erlösten. Von vorn betrachtet hat das Antlitz etwas Verjüngtes, Frauenhaftes; man erinnert sich, daß der Mann bereits in seinem sechsundvierzigsten Jahr von der Weltbühne abtreten mußte, und ist versucht, darüber nachzudenken, auf welche Art er wohl Greis geworden wäre. Vielleicht hätte sich nur der mathematisch ordnende Geist erhalten. Aber die Überlegung ist müßig; Naturen wie diese leben in einem eigenen Zeitmaß und gelangen nicht zu hohem Alter.

Neben der Maske hing das Blechtäfelchen mit aufgemaltem Votivbild, das ich nachher mit ein paar anderen Andenken in meiner Mappe zur Aufbewahrung mitnahm, vielleicht in einem Vorgefühl der Vernichtung, die das ganze Haus nach wenigen Wochen ereilen sollte. An dem zarten Gemälde ist es vor allem die seltsame atmosphärische Stimmung, die jeden empfänglichen Besucher bezaubert, dieses fahlgraue Licht, wie wir es oft bei drohendem Hagelgewitter sehen. Mitten in diesem unheimlichen Himmel aber steht auf schmalem Wolkenbogen eine Mutter Gottes mit echt altbayerischem Magdgesicht, ein fein gekleidetes Jesuskind im Arm. Söhnchen und Mutter tragen Kronen, Heiligenscheine und Halskrausen. Das blauäugige Kind hat ein steifes grünes Röckchen an. Die rotgewandete Himmelskönigin bildet mit ihrem blauen Mantel, der auch den Kopf bedeckt, ein wie mit dem Lineal gezogenes Dreieck, dessen Basis unterhalb der Wolke sich als goldhelle Strahlenbahn erweitert. Nicht nur der gebirgige Hintergrund, sondern auch die Mitte des Geländes,

das mit Wiesenhängen und Bäumen dem Beschauer entgegengrünt, steht in diesem unirdischen Lichtkegel. Durch den Vordergrund geht eine bräunliche Straße, und hier kommt auf zierlichem Schimmel ein Priester geritten. Eine Strecke weiter, wo der Weg zur weißen Gnadenkirche hinansteigt, steht ein junger Mann, nach der Mode von 1840 gekleidet; er will dem Reiter den Weg zeigen. Seinen übergroßen Zylinderhut hält er höflich in der rechten Hand; mit der linken deutet er auf einen antikischen Brunnen, der in der Wiese steht, aber jedenfalls zur Kirche gehört. Aus der Brunnenwand schaut in erhabener Arbeit ein vermenschlichtes Löwengesicht in die Landschaft hinein; es läßt aus halboffenem Munde Wasser in das hohe Becken laufen. Die Bildersprache des Täfelchens, wer entziffert sie? Der Priester, der zu Pferd eine rätselhafte Figur heranträgt, scheint eine wichtige Rolle zu spielen, und der Brunnen umschließt vielleicht einen heilsamen Quell. Das Ganze bedeutet wohl ein Gelübde oder einen Dank für erhörtes Gebet. So waren schon die altrömischen Votivtafeln gemeint, die den christlichen zum Vorbilde dienten. Oft verbirgt sich hinter diesen kleinen Weihegaben ein großer Kummer, in seltenen Fällen auch das Bewußtsein einer Schuld. Während jedoch sonst auf den Darstellungen, besonders den bäuerlichen, die Art des Anliegens so sichtbar wie möglich gemacht oder gar durch Inschrift mitgeteilt ist, bleibt hier etwas Mirakelhaftes, das immer wieder wie eine Melodie in uns aufklingt.
Ein anderes mitgerettetes Bild ist eine Zeichnung von Franz Spann, dem vortrefflichen Passauer Maler, ein Mädchenkopf, mit wenigen leichten Bleistiftstrichen hingeträumt, von einer Geistigkeit, wie sie nur der auf die Farbe verzichtende Künstler zuweilen erreicht. Wie freut man sich jetzt, so zarte, abseitige Äußerungen der Seele vor dem feurigen Untergang bewahrt zu haben! Wie hegt man sie mit abergläubischer Zärtlichkeit! Sie sind einmalig und vom Ruhm verschont; niemand wird beim Zigarettenauspacken einer Nachbildung von ihnen begegnen.
Zwischen den Bauplänen lag auch noch immer die Abschrift jener ungefügen Reime, die einstmals ein Unbekannter in

der Türmerstube des nördlichen Turmes der Frauenkirche hinterlegt hat. Es war in der Zeit zwischen den zwei Kriegen gewesen, als man begonnen hatte, die schönen Gebäude der Stadt, besonders die Kirchen, zum Ergötzen Einheimischer und Fremder, halbe Nächte lang mit Scheinwerfern scharf anzuleuchten. Der Mann mag dies als Entweihung empfunden haben: seine Verslein sollten wohl eine Warnung vor kommenden Strafgerichten sein: ›Freunde, habet acht! Es ist Mitternacht. Werft nicht grelle Strahlen auf die Kathedralen! Ängstigt nicht die Falken auf den grauen Balken der geweihten Türme! Es ist böses Tun. Was durch Zeitenstürme wilden Weltgewalten treulich standgehalten, schlafen will es nun. Schließt ums Heiligtum den Kreis! Gebt es nicht Unholden preis! Laßt es ruhn, mit Gott im Bunde, in der stillen Geisterstunde!‹

Wir nahmen den wunderschönen Piperdruck nach Breughels Gemälde ›Jäger im Schnee‹ von der Wand, um ihn einzupacken; er paßte jedoch in keinen der beiden Koffer, und nun kamen wir wieder einmal ins Beschauen hinein, das aber nicht lange ungestört blieb; denn uns erschreckte das auf und ab jammernde Höllengeheul des grausigen Werkzeugs, das irgendein Witzbold nach den homerischen Sirenen benannt hat, und schon hörten wir über und unter uns die hastigen Schritte der Hausbewohner, die sich zur Flucht bereiteten. Wir sahen uns an, ein Blick fragte den andern: was tun? Im Keller oder in einem Bunker Schutz zu suchen, war eigentlich Vorschrift und auch gewiß das ratsamste; vor kurzem hatte Hanns Holdt, der uns befreundete Meister der Photographie, mit seiner Frau ganz in der Nähe den Flammentod gefunden. Aber noch hörten wir kein Getön feindlicher Flugzeuge, nur ein ziemlich fernes Knallen von Abwehrgeschützen in östlicher Richtung. So füllten wir denn vorderhand, Odysseus nachahmend, unser Gehör mit geistigem Wachs und verwandelten uns ganz in Augenmenschen, indem wir mit der Seele in den stillen Wintertag hinübersiedelten, der so sehr Wirklichkeit ist und doch über der Traumschwelle schwebt. Die müde heimstapfenden Jäger mit großer Meute und geringer Beute, die Schlachtung vor dem Wirtshaus mit dem schmalen Feuer, das bei sichtlich ruhigem Wetter so seltsam schräg lodert, die Schlittschuhläufer auf dem Eise, in dem sich das trübe Grün der Luft wiederholt, die Raben im Baumgezweig, der schwarze Raubvogel, der wie ein Zeichen den Himmel von den Gebirgsgipfeln scheidet, und diese zackigen Gipfel selbst, nah und entrückt zugleich, die das Ganze so geisterhaft machen, – aber nun half die Ausschaltung des Gehörs nicht mehr: die Abwehrkanonen sandten ganze Salven in die Luft und im östlichen Stadtgebiet fiel ein dumpfer Schlag, dem sofort weitere folgten; aus dem Fenster fiel eine Scheibe herein, durch die Wände lief ein Zittern, und mit Staub und Sand bröckelten kleine Mauerstücke nieder. Wir nahmen die Koffer, die Mappe mit den kleinen Andenken, die ›Jäger im Schnee‹ und verließen die Wohnung; es blieb aber nun vollkommen still. Eine Weile standen wir horchend am Eingang zur Kellerstiege; seltsam, daß einem in solchen Augenblikken so manche Tat einfällt, die man versäumt hat. Über den Hof herüber meldete ein Lautsprecher, der feindliche Verband habe nach Abwurf einiger Bomben in südlicher Richtung abgedreht. Ein einziges Flugzeug kreise noch über der Stadt. Eine halbe Stunde später verkündete die gleichmäßig tönende Sirene das Ende der Gefahr.

Es war schon dunkel, als wir uns, mit elektrischen Lämpchen versehen, auf den Weg zur Sternwarte machten. Die Straßenbahn nach Bogenhausen hatte den Betrieb eingestellt; wir gingen zu Fuß und ahnten wohl beide, daß es ein vergeblicher Weg sein würde. In einem solchen Institut mußte ja die leiseste Bodenerschütterung den parallaktisch errichteten Fernrohren ihre Einstellung verschieben und die unsagbar feinen Meßinstrumente stören, so daß alle Angaben ungenau wurden. Dennoch wollten wir uns noch nicht zum Verzicht entschließen.

Da zu dieser Stunde immer viele Menschen auf dem Heimweg waren, so schlug ich vor, die Hauptstraßen zu meiden. Die Verdunklung war ja kein Schutz vor Begegnungen, und ich wünschte vor allem dem flachen Tiefsinn aus dem Wege zu gehen, der damals aus unzähligen Mündern sprudelte.

Er war für viele das einzige Mittel geworden, um die Schrekken der Gegenwart zu ertragen. Während wir anderen, weniger Klugen, das jähe Verschwinden der schönen Dinge beweinten, die von der Vorwelt her unsere Jugend umgeben hatten, und uns keinen anderen Trost wußten, als daß wir sie im eigenen Herzen wieder aufzubauen gelobten, fanden jene für jedes grauenvolle Ereignis eine erhabene Begründung. Wenn in unerbittlicher Folge eine deutsche Stadt nach der anderen unterging, so sagten sie, das hätten sie vorausgewußt, man müsse sich damit abfinden, ja einen weisen Beschluß der Vorsehung darin erkennen, die mit uns was Besonderes vorhabe, weshalb sie die alten Gebetstempel und anderes überholte Gerümpel schnell und gründlich beseitigen wolle, um einem unerhört herrlichen Neuen Platz zu schaffen, für welches, wie sie vertraulich mitteilen könnten, die Pläne schon bereitlägen. Solche Deuter, die dem Zeitgeist schmeicheln, hören kaum auf Gegengründe; sie sind zu stolz und auch zu seicht zum Trauern, sie wollen die Überlegenen sein und auch dem Unheil einen Anlaß zum Triumph entnehmen.

Die Nacht war mondlos; über den Himmel flog es wie Wetterleuchten, durch die Luft zog Brandgeruch. In der Galeriestraße fiel mir ein Fasching meiner Jugendzeit ein; hier war ich, als Mädchen verkleidet, mit einer Maskengesellschaft gegangen. Das waren die Jahre, wo Münchener Familien ihr letztes Bett ins Versatzamt brachten, um noch ein paar Nächte durchjubeln zu können. Wir kamen jetzt in eine Gegend mit schwerbeschädigten Häusern; bald kannten wir uns beide nicht mehr aus und suchten vergeblich nach einem Straßenschildchen. An einer Ecke rastete ein Mann auf einem vollbepackten Rucksack, die Ellenbogen auf die Knie, die Stirn in die Hände gestützt, ein Bild trostloser Müdigkeit. Zwischen Trümmern war ein kleiner Laden erhalten geblieben, in den wir hineinleuchteten. Er enthielt einige Schaupackungen, hübsch bebilderte Schachteln ohne Inhalt. Der Besitzer hatte vergessen, alte Werbetafeln zu entfernen, die zu fast vergessenen Genüssen aufforderten: Eßt Südfrüchte!

Versucht die unvergleichliche Alpursa-Alpenmilchschokolade! Mit Zucker sparen? Grundverkehrt. Der Körper braucht ihn. Zucker nährt! Auf einer Steinstufe vor diesem Geschäft saß ein Bübchen und kämmte sorgfältig seinen Hund. Bald ging es zwischen alten und neuen Zerstörungen weiter. Der Himmel schien sich nebelgrau herabzusenken; es kitzelte im Gesicht, das mußten Aschenflocken sein. Aus einem Schutthaufen zuckten kleine Flammen; dahinter wars, als blühten, grad aufgereiht wie in einem Gartenbeet, himmelblaue Feuerblumen. Einmal stieß mein Fuß an etwas Weiches, Weißes; die Taschenlampe beleuchtete einen halbtoten Schimmel mit aufgerissener Flanke. Ein Bein versuchte sich noch zu regen; ein Auge war leicht verdreht und schien uns fragend anzusehen. Immer hörte man etwas klappern oder scheppern wie fallendes Blech oder Gestein. Eine kleine weibliche Gestalt ging zögernd über Trümmer eines eingestürzten Hauses, blieb dann und wann stehen und bückte sich, als horchte sie in die Tiefe; dabei trug sie sorgfältig einen ganz gewöhnlichen Lampenschirm aus Milchglas. Auf der Gegenseite stand zwischen den rauchenden Ruinen zweier Gebäude ein Mann mit Stahlhelm, nur ab und zu sichtbar in der wechselnden Erhellung; er schien Anweisungen zu geben. Hinter ihm stieg aus der Finsternis ein kurzer Zug von Männern und Frauen hervor, die Köpfe mit vermutlich nassen Tüchern umwunden; immer zweie schleppten etwas in Laken Eingeschlagenes, das konnten nur Leichen sein. Mit diesen Lasten gingen sie langsam über die Straße zu einem Wagen, der bei einem Vorgärtchen wartete.

Als diese schattenhaften Szenen hinter uns lagen, fand unser Weg sein Ende. Mein Sohn, der ziemlich leichte Schuhe trug, blieb stehen und sagte, es gehe ihm heiß durch die Sohlen. Seine Stimme zitterte; ich leuchtete ihm ins Gesicht, er war totenblaß. Auch ich spürte nun eine jähe Wärme am rechten Fuß. Mein Vesuvtag fiel mir ein, der Gang im Kratergrund, wo man unversehens auf die zwar schon erstarrte, aber noch sehr heiße Lava geraten und sich die Schuhe verbrennen konnte. Aus der Gegend, wo wir den Ostbahnhof vermute-

ten, qualmte tiefschwarzes Gewölk, vielleicht von einem Ölbrand. Eine hochaufschlagende Flamme riß für Sekunden den Vorhang der Finsternis vor unseren Augen weg; wir sahen die halbe Vorderfront einer Villa auf der Straße liegen, ein schauriger Anblick, in den sich Bewunderung mischte; denn gerade weil große Teile des Hauses abgetragen waren, wurde der klare schöne Baugedanke vollkommen sichtbar.
Wir begriffen, daß diese Stunde sich nicht eignete, den Raum zu besuchen, wo alles auf Ruhe und äußerste Genauigkeit ankommt. Sternwarten sind es doch auch, die den Bewohnern unseres Planeten die richtige Zeit angeben. Da hängen in luftleeren Gehäusen die Pendel und messen nach Bruchteilen von Sekunden. Die leiseste Störung macht aus dem Hause der höchsten Gesetzmäßigkeit ein Haus des Irrtums, und alle Uhren gehen fehl.

INHALT

Einsamkeit in Verona 1925 9
Stunden in Padua 14
Erinnerungen an Ravenna 26
Winterliches Rom 1935 50
Intimes Rom 73
Tag in Terracina 81
Auf dem Vesuv 90
Ausflug nach Ischia Herbst 1942 93
Mittag in Neapel 115
Brief aus Florenz 1942 118
Tag in München 127

ZU DIESER AUSGABE

insel taschenbuch 1466
Hans Carossa
Aufzeichnungen aus Italien

»Stunden in Padua«, »Erinnerungen an Ravenna«, »Intimes Rom« und »Ausflug nach Ischia« erschienen erstmals als 31. Veröffentlichung der Vereinigung Oltener Bücherfreunde, auf Veranlassung von William Matheson, in einer einmaligen Auflage 1946. Vermehrt um die übrigen Stücke, die Vorbemerkung und die »Abendländische Elegie« erschienen die »Aufzeichnungen aus Italien« 1947 im Insel-Verlag. Der Text folgt der Ausgabe: Hans Carossa, Sämtliche Werke. Band 1. Insel Verlag Frankfurt am Main, zweite Auflage 1978, S. 793-934.
Umschlagabbildung: Paul Klee, Monument im Fruchtland. 1929. Aquarell. Kunstmuseum Bern. © VG Bild-Kunst, Bonn, 1992.

Hans Carossa
Werke in Einzelausgaben

Zwölf Bände in Kassette
Die Werke sind auch einzeln lieferbar

Gedichte. it 1461

Die Schicksale Doktor Bürgers. Rumänisches Tagebuch. it 1462

Der Arzt Gion. it 1463

Geheimnisse des reifen Lebens. it 1464

Führung und Geleit. it 1465

Aufzeichnungen aus Italien. it 1466

Eine Kindheit. it 1467

Verwandlungen einer Jugend. it 1468

Das Jahr der schönen Täuschungen. it 1469

Der Tag des jungen Arztes. it 1470

Ungleiche Welten. it 1471

Ein Tag im Spätsommer 1947. it 1472

Literatur der Moderne im insel taschenbuch

155/1/8.91

Literatur der Moderne
im insel taschenbuch

Hermann Hesse: Knulp. Drei Geschichten aus dem Leben Knulps. Mit dem Fragment ›Knulps Ende‹. Mit sechzehn Steinzeichnungen von Karl Walser. it 394

– Magie der Farben. Aquarelle aus dem Tessin. Mit Betrachtungen und Gedichten zusammengestellt und mit einem Nachwort versehen von Volker Michels. it 482

– Mit Hermann Hesse durch Italien. Ein Reisebegleiter durch Oberitalien. Mit farbigen Fotografien. Herausgegeben von Volker Michels. it 1120

– Piktors Verwandlungen. Ein Liebesmärchen, vom Autor handgeschrieben und illustriert, mit ausgewählten Gedichten und einem Nachwort versehen von Volker Michels. it 122

– Schmetterlinge. Betrachtungen, Erzählungen, Gedichte. Zusammengestellt und mit einem Nachwort versehen von Volker Michels. it 385

– Die Stadt. Ein Märchen, ins Bild gebracht von Walter Schmögner. it 236

– Der verbannte Ehemann oder Anton Schievelbeyn's ohnfreywillige Reisse nacher Ost-Indien. Handgeschrieben und illustriert von Peter Weiss. Mit einem erstmals veröffentlichten Opernlibretto von Hermann Hesse. it 260

– Der Zwerg. Ein Märchen. Mit Illustrationen von Rolf Köhler. it 636

Marie Hesse: Ein Lebensbild in Briefen und Tagebüchern. Mit einem Essay von Siegfried Greiner. Mit frühen Lithographien von Gunter Böhmer. it 261

Monica Huchel: Fürst Myschkin und die anderen. Ein Katzen-Brevier. it 808

Henrik Ibsen: Ein Puppenheim. Herausgegeben und übersetzt von Angelika Gundlach. Mit zeitgenössischen Abbildungen. it 323

Jens Peter Jacobsen: Frau Marie Grubbe. Interieurs aus dem 17. Jahrhundert. Aus dem Dänischen von Mathilde Mann. it 841

– Niels Lyhne. Mit Illustrationen von Heinrich Vogeler. Nachwort von Fritz Paul. Aus dem Dänischen von Anke Mann. it 44

– Die Pest in Bergamo und andere Novellen. Mit Illustrationen von Heinrich Vogeler. Aus dem Dänischen von Mathilde Mann. it 265

Marie Luise Kaschnitz: Beschreibung eines Dorfes. Fotografien von Michael Grünwald. it 665

– Eisbären. Erzählungen. it 4

Eduard Graf v. Keyserling: Sommergeschichten. Erzählungen. Herausgegeben von Klaus Gräbner. it 1336

155/2/8.91

Literatur der Moderne
im insel taschenbuch

Dieter Kühn: Bettinas letzte Liebschaften. it 894
– Flaschenpost für Goethe. it 854
Ferdinand Kürnberger: Der Amerikamüde. Amerikanisches Kulturbild. it 942
Lesebuch der Jahrhundertwende. Prosa aus den Jahren 1889 bis 1908. Ausgewählt von Klaus Schöffling. it 997
Malwida von Meysenbug: Memoiren einer Idealistin. Herausgegeben, eingeleitet und kommentiert von Renate Wiggershaus. it 824
Christian Morgenstern: Alle Galgenlieder. it 6
Marcel Proust / Eugène Atget: Ein Bild von Paris. Texte und Photographien. Herausgegeben von Arthur D. Trottenberg. it 669
Rainer Maria Rilke: Sämtliche Werke. 6 Bände in Kassette. Herausgegeben vom Rilke-Archiv in Verbindung mit Ruth Sieber-Rilke. Besorgt durch Ernst Zinn. it 1101-1106
– Band I: Gedichte. Erster Teil. it 1101
– Band II: Gedichte. Zweiter Teil. it 1102
– Band III: Jugendgedichte. it 1103
– Band IV: Frühe Erzählungen und Dramen. it 1104
– Band V: Kritische Schriften. Worpswede. Auguste Rodin. it 1105
– Band VI: Malte Laurids Brigge. Kleine Schriften. it 1106
– Am Leben hin. Novellen und Skizzen 1898. Mit Anmerkungen und einer Zeittafel. it 863
– Die Aufzeichnungen des Malte Laurids Brigge. it 630
– Auguste Rodin. Mit 96 Abbildungen. it 766
– Ausgesetzt auf den Bergen des Herzens. Gedichte aus den Jahren 1906 bis 1926. it 98
– Briefe. 3 Bde. in Kassette. Herausgegeben vom Rilke-Archiv in Weimar in Verbindung mit Ruth Sieber-Wilke. Besorgt durch Karl Altheim. it 867
– Die Briefe an Gräfin Sizzo. 1921-1926. Herausgegeben von Ingeborg Schnack. it 868
– Das Buch der Bilder. Des ersten Buches erster Teil. Des ersten Buches zweiter Teil. Des zweiten Buches erster Teil. Des zweiten Buches zweiter Teil. it 26
– Die drei Liebenden. Die Liebe der Magdalena. Portugiesische Briefe. Die Briefe der Marianna Alcoforado. Die vierundzwanzig Sonette der Louïze Labé. it 355
– Duineser Elegien. Die Sonette an Orpheus. it 80
– Erste Gedichte. Larenopfer. Traumgekrönt. Advent. it 1090

155/3/8.91

Literatur der Moderne
im insel taschenbuch

Rainer Maria Rilke: Ewald Tragy. Mit einem Nachwort von Richard von Mises. it 1142
– Frühe Gedichte. it 878
– Gedichte. Aus den Jahren 1902 bis 1917. Taschenbuchausgabe der 1931 als Privatdruck erschienenen Edition der Handschrift Rainer Maria Rilkes. Illustriert von Max Slevogt. it 701
– Gedichte aus den späten Jahren. Zusammengestellt von Franz-Heinrich Hackel. it 1178
– Geschichten vom lieben Gott. Illustrationen von E. R. Weiß. it 43
– Geschichten vom lieben Gott. Illustrationen von E. R. Weiß. Großdruck. it 2313
– Die Letzten. Im Gespräch. Der Liebende. it 935
– Die Liebenden. Die Liebe der Magdalena. Portugiesische Briefe. Die 24 Sonette der Louïze Labé. it 355
– Neue Gedichte. Der Neuen Gedichte anderer Teil. it 49
Rilkes Landschaft. In Bildern von Regina Richter, zu Gedichten von Rainer Maria Rilke. Mit einem Nachwort von Siegfried Unseld. it 588
– Das Stunden-Buch, enthaltend die drei Bücher: Vom Mönchischen Leben. Von der Pilgerschaft. Von der Armut und vom Tode. it 2
– Über den jungen Dichter und andere kleine Schriften aus den Jahren 1906 bis 1926 in zeitlicher Folge. it 340
– Vom Alleinsein. Gedichte und Briefe. it 1216
– Wladimir, der Wolkenmaler und andere Erzählungen, Skizzen und Betrachtungen aus den Jahren 1893-1904. Ausgewählt und zusammengestellt von Volker Michels. it 68
– Worpswede. Fritz Mackensen. Otto Modersohn. Fritz Overbeck. Hans am Ende. Heinrich Vogeler. Mit zahlreichen Abbildungen und Farbtafeln im Text. it 1011
– Zwei Prager Geschichten und ›Ein Prager Künstler‹. Mit Illustrationen von Emil Orlik. Herausgegeben von Josef Mühlberger. it 235
Rainer Maria Rilke / Lou Andreas-Salomé: Briefwechsel. Herausgegeben von Ernst Pfeiffer. it 1217
Rainer Maria Rilke. Chronik seines Lebens und seines Werkes. Zwei Bände in Kassette. Von Ingeborg Schnack. it 1264
Der Roman der Zwölf. Von Hermann Bahr, Otto Julius Bierbaum, Otto Ernst, Herbert Eulenberg, Hanns Heinz Ewers, Gustav Falke, Georg Hirschfeld, Felix Hollaender, Gustav Meyrink, Gabriele Reuter, Olga Wohlbrück, Ernst von Wolzogen. Mit einem Vorwort von Alfred Estermann. it 1358

155/4/8.91

Literatur der Moderne
im insel taschenbuch

Leopold von Sacher-Masoch: Venus im Pelz. Mit einer Studie über den Masochismus von Gilles Deleuze. it 469

August Strindberg: Ein Puppenheim. Und andere Erzählungen. Aus dem Schwedischen von Klaus Möllmann. Mit Illustrationen von Barbara Gutjahr und einem Nachwort von Leopold Magon. it 282

Felix Timmermans: Das Brevier für Liebende. Und andere Erzählungen. Aus dem Flämischen von Peter Mertens und Anna Valeton-Hoos. Mit Zeichnungen des Autors. Großdruck. it 2321

– Dämmerungen des Todes. Aus dem Niederländischen von Rein A. Zondergeld. Mit Illustrationen des Autors und einem Nachwort von Jörg Krichbaum. it 297

– Franziskus. Roman. Deutsch von Peter Mertens. Mit Zeichnungen des Autors. Der ›Sonnengesang‹ wurde von Max Lehrs ins Deutsche übertragen. it 753

– Der Heilige der kleinen Dinge. Erzählungen. Mit Zeichnungen des Autors. it 1364

– Das Jesuskind in Flandern. Aus dem Flämischen von Anton Kippenberg mit Zeichnungen des Dichters. it 937

– Das Licht in der Laterne. Erzählungen. Mit Zeichnungen des Autors. it 1289

– St. Nikolaus in Not. Aus dem Flämischen von Anna Valeton-Hoos. Mit farbigen Bildern von Else Wenz-Viëtor. it 2023

Georg Trakl: Die Dichtungen. it 1156

Robert Walser: Fritz Kochers Aufsätze. Illustrationen von Karl Walser. Nachwort von Jochen Greven. it 63

– Gedichte. Mit Radierungen von Karl Walser und einem Nachwort von Carl Seelig. it 761

– Liebesgeschichten. Zusammengestellt und mit einem Nachwort versehen von Volker Michels. it 263

Frank Wedekind: Ich hab meine Tante geschlachtet. Lautenlieder und »Simplicissimus«-Gedichte. Herausgegeben und eingeleitet von Manfred Hahn. it 655

155/5/8.91